...φαὶς ὁ ῥήτωρ ...

[Ἀ]ντιφῶν ... σοφίλου· φυλῆς δὲ ῥαμνούσιος. ἐγένετο μὲν
τὸν δῆμον κατὰ τὰ περσικὰ γενόμενος, σωκράτους τοῦ
σοφιστοῦ· καὶ διδάσκαλος τὰ πρῶτα χρησάμενος τῷ πατρὶ
διδάσκοντι παιδεύματα, τῆς ἡλικίας προβαινούσης ἐπὶ
τοὺς λόγους ἐξιππάσατο(?)· φυσικῇ δεινότητι τὴν ἐκ τῆς ἀσκή-
σεως μελέτην προσλαβών. μαθητὴς μὲν ἀκροασάμενος
μηδενὸς ... μήτε λόγων. μήτε ... τοῦ εἰκότος γραφῆς
μήτε σοφιστοῦ, προειρηκὼς διατριβὰς τοῖς πρὸ αὐτοῦ ...
τυχὼν βιβλίοις καὶ τοῖς τῶν ποιητῶν μάλιστα, ...

[illegible]

Ἀντιφῶντος φαρμακείας κατὰ τῆς μητρυιᾶς

[illegible]

監修者——木村靖二／岸本美緒／小松久男／佐藤次高

［カバー表写真］
シャルル＝アルフォンス・デュ・フレノワ「ソクラテスの死」
（フィレンツェ、ウフィツィ美術館蔵）

［カバー裏写真］
ディオゲネス像

［扉写真］
アンティフォン写本

世界史リブレット人6

古代ギリシアの思想家たち
知の伝統と闘争

Takabatake Sumio
高畠純夫

目次

謎の思想家

いきなりだが、まず紀元前五世紀のアテナイに生きたアンティフォンという人物の『真理論』という作品をちょっと覗いてみることから始めよう。この本は、完全なかたちでは残っておらず、断片が残っている。断片からどのようなことを論じているかが大体わかるのである。

さて、ある断片はアンティフォンが次のようなことを論じたといっている。もし、私が円をつくりそのなかに方形を書き、ついで方形によって生じた円の部分を二つに分け、さらに分割したところからそれぞれ部分に分けられた頂点に直線を引くなら、私は八角形をえるだろう。もし、われわれがふたたび角を包摂している部分を二つに分け、またふたたび切られたとこ

▼**断片**　断片とは、その著作自体を記したパピュルスなり碑文なりが部分的に残った場合と、他の著作家によって引用されて後世まで残った場合とがあり、ギリシアの著作家の断片は後者の方がはるかに多い。

ろから直線をそれぞれ部分に分けられた頂点に引くなら、われわれは多角形をえることとなる。そこで、われわれがこれを何度も繰り返すなら、小さな角度をもった究極の多角形をえることとなるが、その角度を含んでいる直線はその小ささのゆえに円に合致することとなる。〔断片一一三(d)▲〕
つまり図▲に示したようにして、彼は円と等しい多角形をえたというのである。これは数学的にはまちがっている。しかし、それはさしあたりどうでもよくて、彼がこうした数学の問題を考えていたということが大事である。では、彼は数学者だったのか？　別の断片は、彼が次のようなことを論じたことを明らかにする。

　一方、肉に進んだ胆汁は、その量が多いときには、慢性的発熱を引きおこす。というのは、それが肉に進んだときには、それをつうじて肉の実質に腐敗を引き起こし、それがふくれるからである。それゆえ、不自然の熱がこの場所より起こるであろう。（断片一二九A）

すなわち、胆汁の役割を論じて痛風の起こる原因を説明しようとしているのである。医学、生理学の問題である。先ほどの数学とは少し関心が離れている

▼断片一一三(d)　この断片番号は、高畠『アンティフォンとその時代』（東海大学出版会、二〇一二）による。

▼アンティフォンの多角形説明図　方形ABCDから八角形AEBFCGDHをつくるのである。

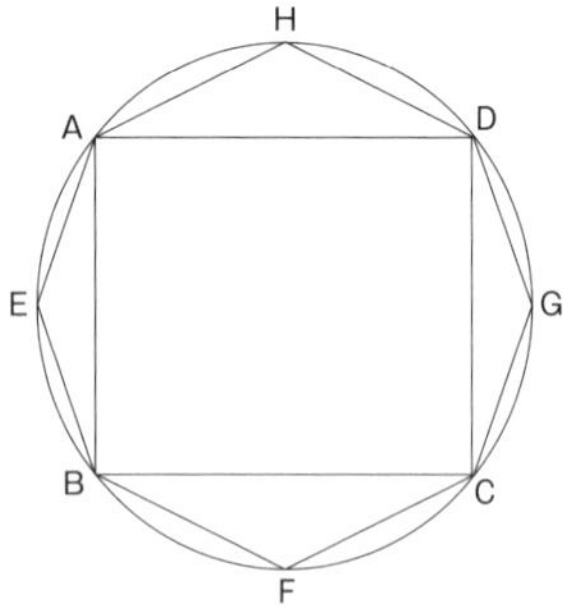

ようである。彼は何者か？　さらに別の断片は、彼が次のようなことも論じたことを明らかにする。

アンティフォンは、月は自分で光を出しているが、より強い光が弱い光を弱めるものだから、太陽の攻撃によって弱められ周辺が薄暗くなっているのだ、そしてこれはすべての星について起こっていることだ、とした。

（断片一二七）

これももちろんまちがっているが、彼は天文学についても論じていたのだ、ということがここで示したいことである。数学・医学・天文学、彼の関心は広そうである。しかし、それだけではない。この本自体を写したパピュルスの断片がみつかっていて、そこには次のようなことが書かれていた。

かくて、証人がいるなら法を、証人がいない場合は自然の規定を重要なものと考えれば、人はとりわけ自らの利益のために正義を使うことになろう。なぜなら、法は付加的なものであるのに対し、自然は不可避的なものであるから、また法は合意されたもので自然に生まれたものではないのに対し、自然は自然に生まれたもので合意されたものではないからである。（断片

一四四(a)〕

法・自然・正義も彼の論ずる対象だったことがここから明らかである。自然科学のみならず、社会、人間についての「真理」も彼は論じたらしい。彼はいったい何者なのだろうか?

まず注目すべきは、ここにあらわれる知的好奇心の広さであろう。現代の目からみれば誤りが多いが、これらの問題を真摯に探究して彼にとって「真理」と思われたことを書いていることが、断片全体をつうじて明らかである。しかもそのさい、彼は自らの「真理」が本当の真理ではない可能性があることを了解していた、と考えられる。▲広く知識を求め、自らの到達した「真理」を、その当否はともかく、とりあえず多くの人に知らせ、そして驚嘆させたいという思いがこの書を支えている。さらに注目すべきは、彼がこれをあくまでも論理的に述べていることである。修辞的技法を凝らそうとするあまり論理がみえにくくなることはあっても、論理それ自体が失われることはない。真理を絶対的なものとして教条的に語ろうとするのではなく、説明し納得させようとする姿勢が顕著である。この著者は「ソフィスト」のアンティフォンと呼ばれている。

▼アンティフォンの真理　断片一○一から、やや面倒な議論の末にそうしたことを推論できる。

ソフィストは「紀元前五世紀のギリシアにあらわれた職業教師で、プロタゴラス▲が代表例」と高校教科書で説明されるが、ギリシア語の原義は「知者」であり、じつはさまざまな人が「ソフィスト」と呼ばれていたのである。そう呼ばれる人々にいくらか共通の思想傾向があるとしても、とてもひとつの像にまとめることはできない人々であった。アンティフォンはアテナイ人で唯一ソフィストと呼ばれる人物で、じつはのちに最初の弁論家になった人物である。そして弁論家こそ、前五世紀および、前四世紀の「古典期」と呼ばれる時代のアテナイを特色づける存在であった。本書の目的の一つは、この人物を少し詳しく紹介することで、弁論家を生み出した時期のアテナイの知のあり方の一端を明らかにしようとすることである。

ところで本というものがパピュルスの巻子本というかたちでつくられ、一般に売られはじめたのは前五世紀半ば過ぎのことであった。アンティフォンの『真理論』は最初期の本のあり様を示し、同時にそれを求める需要の存在を示している。幅広い知への渇望とそれを納得したうえで受け入れようとする意欲を感知できよう。それを裏付けるような情景をプラトンの対話篇▲のいくつかは

▼プロタゴラス（前四九〇頃〜前四二〇頃）　北方の都市アブデラ出身。もっとも著名なソフィストで、ギリシア世界を旅してまわり、教えを説いた。アテナイにも数度訪れている。人間尺度論で有名。

プラトン　左図はベルリン、ベルリン美術館所蔵のプラトン像。

▼プラトンの対話篇　プラトンによって書かれた哲学作品はいずれも対話のかたちをとっている。彼の最後の作品である『法律』以外の全作品はソクラテスを主人公としている。どこまでがソクラテスの考えでどこからがプラトン自身の考えであるかを区別することはなかなか難しい。

生き生きと伝えている。『プロタゴラス』はペロポネソス戦争(前四三一年～前四〇四年)の始まる前の、壮年期のソクラテスを登場人物としているが、ある朝、夜も明けきらぬころ、ソクラテスが騒々しい訪問者にたたき起こされるところから話は始まっている。当代随一のソフィスト、プロタゴラスがアテナイにきているとの情報をえた若者が、自分を彼に紹介してくれとソクラテスに頼みにきたのである。「(あの人が私を知者にしてくれるのなら)私の金も友だちの金もなくなってもかまわない」と若者は意気込み、早く行こうとソクラテスをせかす。やがて訪ねた大金持ちカリアス▲の家では、プロタゴラスのほかに著名なソフィスト、エリス人のヒッピアス▲とケオス人のプロディコス▲もそこに滞在していることがわかる。彼らはそれぞれさまざまな場所で多くの人間に取り囲まれ話をしている。プロタゴラスは歩きまわっているが、それを取り巻くのは当主のカリアス、今をときめくペリクレス▲の二人の息子、さらに美少年カルミデス▲などであり、そのうしろには各国からきた彼のファンが付き従って話を聞いている。プロタゴラスと取り巻きが向きを変えると、ファンたちは一糸乱れず左右に分かれて道をあけ、彼らが通り過ぎるやその後ろで旋回してふたたびあと

▼カリアス　前六世紀から続く名門富裕な家の出身で富裕者。前四五〇年頃の生まれ。母親はかつてペリクレスと結婚していた女性で、ペリクレスの二人の息子クサンティッポスとパラロスは彼の異父兄弟になる。

▼ヒッピアス　ペロポネソス半島北西部のエリス出身のソフィスト。プロタゴラスより若い同時代人。数学・天文学・文法などに才能を示し、膨大な著作があったとされるが残っていない。

▼プロディコス　キュクラデス諸島北西の島ケオス出身。ソクラテスとほぼ同年の生まれで、彼より長く生きたと思われる。クセノフォン『メモラビリア』にはソクラテスが語るかたちで徳と悪徳の教えを比較する彼の話がでてくる(II 2. 21-33)。

▼ペリクレス(前四九五頃～前四二九)　前五世紀の最盛期のアテナイを指導した政治家。前四六〇年代末から政治への参画が知られ、前四五〇年代、四四〇年代をつうじて第一人者にのし上がった。ペロポネソス戦争も彼の指導のもとに始められたが、開戦二年半ほどで疫病に倒れた。

を追う。その様子はあたかも悲劇の舞台に登場する合唱隊(コロス)のごとくであった、とプラトンは伝える。これはアテナイのなかのある人たちの様子と彼らのかもし出す雰囲気を忠実に活写していよう。

こうした環境のもと、古典期のアテナイには多くの文化人があらわれた。高校教科書をみかえしてみれば、そこに太字であらわれる古代ギリシアの文化人のほとんどがこの時代のアテナイに属する(あるいは関わる)ことを見出そう。彼らは社会に対する独自の思いをなんらかのかたちで吐露しているという点で、思想家と呼んでよい人たちである。ソクラテスはそのなかでも特異な存在で、与えた影響も大きかった。ソクラテスを詳しくみることで、前五世紀アテナイの知をめぐる状況を別の面からみてみようというのが、本書のもう一つの目的である。

しかし、アンティフォンもソクラテスも孤立したなかからあらわれたのではない。彼らがあらわれるまでに実に長い期間にわたる知の伝統があった。まずはそれについてみてみること、これが本書の最初の目的となる。

▼**カルミデス**(前四四七頃〜前四〇三) 哲学者プラトンの母の兄弟で、プラトンの叔父にあたる。プラトンやクセノフォンの作品にソクラテスとともにたびたびあらわれる。プラトン『カルミデス』ではとびきりの美少年として従兄のクリティアスによってソクラテスに紹介されている。そのクリティアスに従って三十人僭主(七四頁用語解説参照)に参加し、従兄とともに死亡した。

凡　例

1. 本書は以下のように著者名と署名の略号を用いる

著者名	著者名略号	書名略号	書名
アリストテレス	Arist.	*Ath. Pol.*	アテナイ人の国制
エウリピデス	Eur.	*Supp.*	ヒケティデス（嘆願する女たち）
クセノフォン	Xen.	*Ap.*	ソクラテスの弁明
		Mem.	メモラビリア
ディオゲネス・ラエルティオス	Diog. Laert.		ギリシア哲学者列伝
トゥキュディデス	Thuc.		歴史
プラトン	Pl.	*Ap.*	ソクラテスの弁明
		Euthd.	エウテュデモス――争論家――
		Euthphr.	エウテュフロン――敬虔について――
		Grg.	ゴルギアス――弁論術について――
		Phdr.	パイドロス――美について――
		Prm.	パルメニデス――イデアについて――
		Smp.	饗宴――恋について――
		Tht.	テアイテトス――知識について――
ヘシオドス	Hes.	*Op.*	仕事と日
		Th.	神統記
ホメロス	Hom.	*Il.*	イリアス
		Od.	オデュッセイア
リュシアス	Lys.	XXVII	第 27 番弁論「エピクラテス弾劾」

2. 断片番号や関連史料の番号は以下の書にもとづいている

著者名		
アルカイオス	fr.	D. A. Campbell, *Greek Lyric*, 234-437
アルキロコス	fr.	M. L. West, *Iambi et Elegi Graeci* I, 1-108
アンティフォン	断片	高畠純夫『アンティフォンとその時代』530-704 頁
	関連史料	同上書　487-529 頁
	I	第一番弁論『毒殺容疑での継母告訴」
カリノス	fr.	M. L. West, *Iambi et Elegi Graeci* II, 47-52
サッフォー	fr.	D. A. Campbell, *Greek Lyric*, 52-205
セモニデス	fr.	M. L. West, *Iambi et Elegi Graeci* II, 96-112
ソロン	fr.	M. L. West, *Iambi et Elegi Graeci* II, 119-145
テュルタイオス	fr.	M. L. West, *Iambi et Elegi Graeci* II, 149-163
ミムネルモス	fr.	M. L. West, *Iambi et Elegi Graeci* II, 81-90
		パルメニデス――イデアについて――
		饗宴――恋について――
		テアイテトス――知識について――

①—叙事詩と抒情詩の世界

ホメロスとヘシオドス

ギリシアの最古の文学作品はホメロス▲の二つの叙事詩『イリアス』▲(*Il.*)と『オデュッセイア』▲(*Od.*)である。そこには、ギリシア人の考え方を特色づけるいくつかの考えがあらわれている。ここでは三つのことだけを指摘しておきたい。

第一は名誉の重視である。アキレウスがアガメムノン▲に戦利品を奪われて怒るのは名誉を傷つけられたからである。「ゼウスとて私に名誉を認めてくださるべきであった」(*Il.* I 353–354)とアキレウスは神にさえも恨み言を述べる。

第二は物欲の肯定である。彼らはそれを隠そうとしない。アガメムノンがアキレウスと和解をはかろうとするさいは多くの物を用意するし(*Il.* IX 114–161)、命も物であがなうとする(*Il.* VI 46–50)。神にも「この苦しい船旅の途次、あなたの壮麗な祭壇を通り過ぎたことはありませんでした。かならず脂身と腿肉を捧げてきました。……ゼウス▲よ、かならずやこの願いをかなえたまえ」(*Il.* VIII

▼ホメロス　『イリアス』『オデュッセイア』の作者とされるが、これらの詩を彼一人でつくったのか複数人が関与しているのかについて、かつて議論があった。

▼『イリアス』　アガメムノンとアキレウスの対立・和解を中心にトロイア戦争の終わりの数十日のことを描いている。

▼『オデュッセイア』　オデュッセウスの冒険を中心に、彼の故国イタカでの彼の妻ペネロペイアへの求婚者と息子テレマコスとの角逐などが歌われている。

▼アキレウスとアガメムノン　『イリアス』に語られる英雄。アキレウスはギリシア側随一の武将であるが、ギリシア側総大将アガメムノンと仲違いし、戦いから身を引く。そのためギリシア側の形成は不利になり、アガメムノンは彼の復帰を懇願することとなる。

▼ゼウス　ギリシアの最高神。ただし、さまざまな弱みをもち、他の神々に活動の余地を与えている。

238–242）と願う。

第三は狡知《こうち》・機略への憧憬である。オデュッセウス▲はさまざまな危機を機略によって切りぬけるが、それこそが物語の要である。「いつものように胸に抜け目ない思いを巡らしつつ、でかかった言葉をのみこみ、真実を語らぬ」（*Od.* XIII 254–255）彼こそが勝者となる。テレマコス▲との対比から、それこそが大人の知恵として称揚されているといえよう。

ホメロスという人物自体はわからないことが多い。かつてはこれらの詩の作者は何人かの人物でホメロスはそのなかの一人にすぎないと考えられてきたが、最近は一人のホメロスによる創作を信ずる見解が定着している。しかし、その人物像は依然明確ではない。

これに対し、ヘシオドス▲のほうは彼自身の詩から彼の人物像がいくらか浮かびあがってくる。それによれば、彼の父は小アジアのアイオリスで商業活動に従事していたらしい。しかし、「ゼウスが人間に与えるひどい貧困から逃れて」ボイオティアの寒村アスクラにわたり農民となったのである。農民といってもかなりの土地をもっていたらしくみえるが、息子ヘシオドスが羊の世話をして

▼オデュッセウス　機略、抜け目なさで知られる英雄。『オデュッセイア』はトロイア戦争が終わって彼が故郷イタカ島に帰って権力を取りもどすまでの冒険譚を中心としている。

▼テレマコス　オデュッセウスの息子で、父の出征後生まれ母ペネロペイアに育てられる。彼の家は母への求婚者が押しかけ荒らされているが何もできない。しかし、物語の進展とともに成長し、最後は帰国した父オデュッセウスとともに求婚者征伐に力をつくす。

▼ヘシオドス　ホメロスよりややあとの前八世紀が活動時期と思われる。彼の名のもとにいくつかの作品が伝わるが、『仕事と日』『神統記』のみが今日真作とされている。

● ギリシア世界

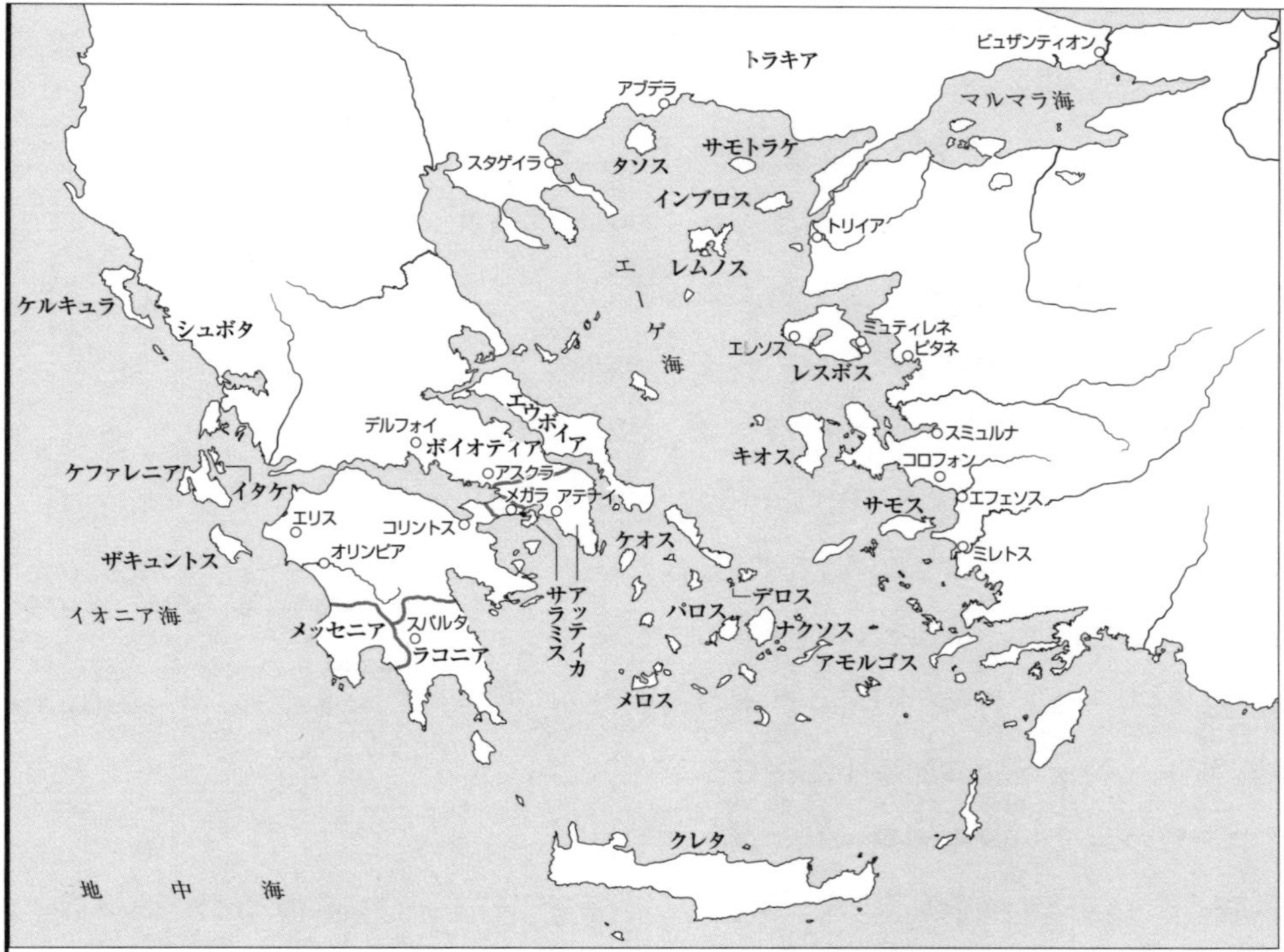
トラキア
ビュザンティオン
アブデラ
マルマラ海
サモトラケ
スタゲイラ
タソス
インブロス
トリイア
エ
ー
ゲ
海
レムノス
ケルキュラ
シュボタ
ミュティレネ
エレソス
ピタネ
レスボス
エウボイア
デルフォイ
ボイオティア
スミュルナ
キオス
ケファレニア
アスクラ
コロフォン
イタケ
メガラ
アテナイ
エフェソス
サモス
エリス
コリントス
ケオス
ミレトス
ザキュントス
オリンピア
サラミス
アッティカ
デロス
イオニア海
スパルタ
パロス
メッセニア
ナクソス
ラコニア
アモルゴス
メロス
クレタ
地中海

いたとき女神ムーサが彼に啓示を与えて彼は詩人になったのだという。『神統記』（*Th.*）『仕事と日』（*Op.*）という二つの作品が残されている。そこにも古典期まで長く残るさまざまな考えや関心があらわれている。

一つ目は正義を尊ぶ思想である。正義を護る者こそが人間と社会に幸せをもたらすのであり、「正義（ディケー）は最後には暴力（ヒュブリス）に勝つ、愚者は痛い目にあってはじめてそれを悟る」のである。それであるから「ペルセースよ」と彼は弟に呼びかける――『仕事と日』はこの怠惰な弟に訓戒を与える体裁をとっている――、「正義に耳を傾け、暴力に頼ってはならぬ」（*Op.* 213, 275）。さらにこの考えは、正義をなさぬ貴族たちへの警告になってゆく。「王者の方々よ、このたびの裁きにはご自身とくと考えられよ、人間の近くにあって神々は見ておられるのだから」（*Op.* 248–250）。正義にもとる裁きをくだせばゼウスがそれを見のがすはずはない、という考えはその後も長く残ったが、ヘシオドス自身「私は思う」という語をつけ加えているように（*Op.* 273）、神のくだす罰はすぐにあらわれるものではないということが自覚されていた。

二つ目は宇宙世界への関心である。それは宇宙の生成と現在の宇宙のあり方

▼ムーサ　文芸、音楽など人間のあらゆる知的活動をつかさどる女神。ヘシオドスは九人いたと伝える。

▼ヒュブリス　人として節度をこえた行為で、人に恥を与え、名誉を傷つける行為をいう。ギリシア特有の観念で、「傲慢」「横暴」「驕慢」などとも訳される。

との二つの関心となってあらわれている。前者については、カオスから始まる宇宙生成説が語られている。「まずはじめにカオスが生じた。ついであらゆるものを確固として受け止める胸の大きな大地が」生じ、さらに大地の深奥にもや立ちこめるタルタロス、神々のなかでもっとも美しいエロスが生ずるのであるが（*Th.* 116–122）、ここに神の介在はなく、自然自体の運動として始まっていることは注目に値する。これに秩序を与えるのはゼウスである。後者に関しては、天・大地・タルタロスのきわめて整然とした三層構造が語られる。天から青銅の金床《かなとこ》を落とすと九日九夜かかって大地につき、大地からまたそれを落とすと同じだけの日数がかかってタルタロスに到着するのである。

三つ目は原初への関心である。この世に秩序をもたらしたのはゼウスであるが、そうした秩序が生まれるまでの物語が語られる。ゼウスは父クロノスを屈服させ、自らの兄弟と父の兄弟を解放し雷の力を獲得すると、さらに二つの大きな戦いを戦って人間と神々の上に君臨することとなる。そして、神々の間に権能を分かち与えて秩序を形成するのである。これによってそれまで錯綜をきわめていた神々の集団を体系的に整序し、それぞれに固有の性格を与えること

▼**プロメテウス**　ゼウスの戦ったティタン神族の一人イアペトスの子で、人間の味方をしてゼウスの怒りを買う。ゼウスは彼を鎖でつなぎ、大鷲に彼の肝を毎日食わせるという罰を与えた。肝は毎夜回復するため苦痛は絶えない。この罰は英雄ヘラクレスが大鷲を射落とすまで続いた。

となった。ギリシア人の神の観念を形成するうえでヘシオドスのはたした役割は大きいし、また自然を秩序あるものとする見方は今日まで影響力を保っているといえよう。

四つ目は人間社会の変遷についての関心である。これに関してプロメテウス▲のはたした役割が語られる。彼はゼウスをだまして、おいしそうにくるんだ牛の骨を選ばせ、以後犠牲を捧げるときには人間たちがゼウスの選ばなかった牛の肉と内臓をとることができるようになった。ゼウスがそれを怒って人間から火を隠すと、大ウイキョウの茎のなかに火を隠しいれて人間たちに与えた。これを知ってふたたび怒りを発したゼウスは女性をつくって人間に送り、これが人間に禍をもたらすこととなる（*Th.* 507–616）。『仕事と日』では、この女性にパンドラという名前が与えられ、彼女が壺の蓋を開けそのなかからさまざまな災厄が飛びだし、人間を苦しめることとなったとされている（*Op.* 42–105）。のちのギリシアにあらわれる「女嫌い（ミソギュニア）」の思想の始まりといえるかもしれない。

また、同じ関心から、五時代説話が語られる。人間は、黄金、銀、青銅、英雄の種族をへて次第に苦労が多くなり、現在は鉄の種族の時代になっているという(*Op.* 106–201)。ギリシアにはのちに人間を発展の相でとらえようとする見方もあらわれるが、これは衰退の相でとらえる代表的見方となっている。

さらに、争い(エリス)について善い争いがあることを指摘したことは(*Op.* 17–26)、ギリシア精神を特色づける競争(アゴン)の精神の萌芽として注目されるし、労働を尊ぶ思想もあらわれ、それは後世よく引用される箇所となっている。「不死なる神々は優れたこと(アレテー▲)の前に汗をおかれた。アレテーにいたるは長く険しい道。しかしはじめは凸凹《でこぼこ》の道だが、ひとたび高みにいたれば困難だった道もあとは楽になる」(*Op.* 289–292)。

▼**アレテー**　ギリシア的観念で、優れていること、人間業とは思えぬ、神に似た驚嘆すべき行動や神業のような偉業を成しとげる能力をいう。戦場での勇気であったり、詩作の能力であったりする。「徳」「卓越性」とも訳される。

抒情詩人たち――アルキロコス

前七世紀以降、抒情詩人と呼ばれる詩人たちの作品が残っており、そこには個人的感情や経験が語られている。おそらく最初は仲間内の楽しみや意気高揚、あるいはなぐさめのために歌われたのだろうが、人々の共鳴するところとなって広く伝わり残されたと考えられる。したがってそこにはギリシア人の感じていたであろう思いや、彼らが感情を整理するさいに拠り所としたであろう考えがあらわれている。これらの歌は、韻律の違いにより、笛▲の伴奏で歌ったり、リュラ▲やバルビトス▲の演奏とともに歌ったりしたと考えられているが、どういうリズムや音階で歌われたのかはわからない。

　最初にあらわれるアルキロコスはギリシア人に愛された詩人で、断片も含めて多くの詩が残っている。前六四八年の日蝕と思われるものを歌った詩から、彼の活動の時期を前七世紀半ばと推測できる。パロス島の出身で、のちにタソス島にわたってそこで傭兵となったとされる。ある伝承は、のちにパロス島にもどり、隣のナクソスとの戦いで戦死したと伝える。「私は（戦いの神）アレスに仕えるものにして、（詩の女神）ムーサイの愛すべき贈りものを知る者なり」(fr. 1)という、兵士であると同時に詩人であるとの自覚が、彼の詩の多くを解釈する鍵となる。著名なのは戦場で楯を捨てたことを歌ったものである。

　サイオイ人▲の誰かはあの楯を誇っているだろう、茂みのかたわらに、
　あの非の打ち所のない武器を、私は望んでおいていったのではないが。
だが、わが身はたすかったのだ。どうして楯のことなど気にかけよう。

▼笛　管楽器。多分ダブルリードを使った。通常二つを対で使う。左図はアウロスと呼ばれる管楽器。

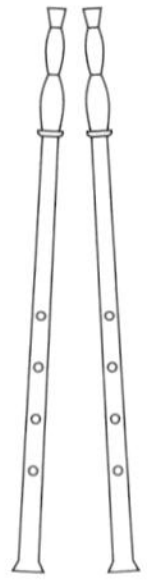

▼リュラ・バルビトス　七弦の弦楽器。指でつま弾いて音を出す。左図の右側がリュラ、左側がバルビトス。

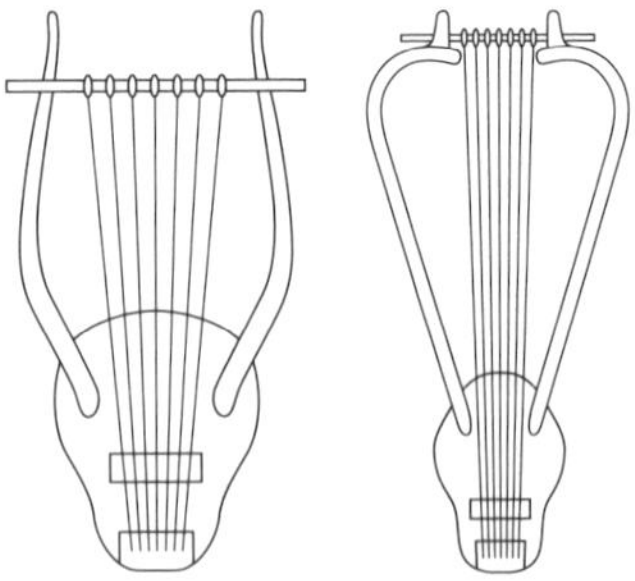

▼サイオイ人　エーゲ海北岸、サモトラケ対岸のトラキア人氏族。

どこへなりと行ってしまえ。もう一度劣らぬものを手にいれよう(fr. 5)。

楯を捨てるという恥辱を語りつつも、命が助かった思いを率直に語っている。おそらく彼の個人的体験を歌ったものだろう。また、

私は背の高い隊長など、大股に歩く隊長など、好まない
髭を剃り、素敵に髪を波立たせる隊長も好まない
私が好むのは小さくて、がに股で、
どっしどっしと歩く、闘志みなぎらせた隊長だ。(fr. 114)

と自らの信頼を託すべき人物について兵士の思いを素直に語っている。苛酷な任務のなか兵士たちはときに飲まずにはいられなくなる。

さあ、コップをもって疾《はや》き船の漕ぎ座の間を
動きまわれ、そして樽の蓋をとれ
底の澱《おり》まで赤い酒を飲みほせ、俺たちは
素面《しらふ》でこの見張りをはたしえないだろうから。(fr. 4)

さらに戦場で感ずるどうしようもない恐怖、これにも対処しなければならない。

心よ、心、どうしようもない困惑に乱されている私の心、
敵をみよ、敵対する者を打ち倒して身を守るのだ
敵の待ち伏せにも胸はって、彼らのそばにどっしりと
立つのだ。勝利をあからさまに喜んではならぬ、
敗れても家でなげいていてはならぬ。
喜びも、悲しみも度をこしてはならぬ、
こうした情動が人間をとらえることをわきまえて。（fr. 128）

そして結局勝敗はどうなるかわからず、人間の運命など神次第ということになる。

すべては神々の思惑次第。しばしば神々は災厄から
黒き大地に横たわった男を立ち上がらせる。
しばしばしっかり立っている者を打ち倒し
のけぞらせる。そしてその者に大変な災厄をもたらす。
生活の糧なくさまよい歩き、心もうつろになる。（fr. 130）

こうした考えは戦場以外のことにも応用されることとなる。海の遭難事故で

亡くなったとされる者たちを悼んだ詩にそれはあらわれている。いまは悲しみがつきることはないが、いつかはそれも変わる、忍耐せよ、というのである。

　つきせぬ悲嘆に明け暮れて、ペリクレス▲よ、町の人々の誰も
　そしてまたポリスも、宴を楽しむことなどありはしないだろう。
　それほどの者たちを唸り立つ海は波間に消し去ったのだ、
　われらの肺には苦しみが満ちあふれる。
　だが友よ、神々は癒しがたい不幸にも
　強力な忍耐を薬として定めてくださったのだ。
　禍にとらわれる者は時とともに変わる、そしていま、それはわれらに
　向いており、われらは血のにじむ痛みをなげいている、
　だがそれは次には他の者に向かうだろう。さあ
　忍耐せよ、この女々しい嘆きをいますぐ追いはらって。（fr. 13）

さらにこの考えはこの世の栄華にも心動かされぬ思いをいだかせることとなろう。

　ギュゲス▲の富など私に関係のないこと、

▼ペリクレス　このペリクレスはアルキロコスからしか知られないが、実在の彼の友人であったろうと考えられる。

▼ギュゲス（在位前六八七頃〜前六五二）　リュディア王。カンダウレス王を殺し王妃を娶ってメルムナス朝を開いた。東はアッシリア、西はイオニア諸市と提携して国の富強をはかった。

嫉妬が私をとらえることも、神々のみ業を
嫉む気も起こらぬ、大きな支配力にも憧れぬ。
これらは私の目の届かぬ遠いことだから。(fr. 19)

彼の詩は多くの人の共鳴を集めながら愛唱され、断片のかたちであれ多くが残ることとなった。

抒情詩人たち——カリノス、テュルタイオス

アルキロコスの次に知られるカリノス、テュルタイオスは戦争に関わる詩で知られる。いずれも人々を戦争に駆り立てる詩であるが、そこにギリシア人の価値観が鮮明にあらわれる。古典期ギリシアを慢性的戦争状態とすることに現在疑義が唱えられているが、戦争がギリシア人の生活に大きな意味をもったことは確かである。二人の詩が人々のなかになにがしかの共感を呼び起こしたことは十分に考えられよう。

カリノスはアルキロコスの同時代人で、小アジアのイオニア地方エフェソスの人である。残っている詩はわずかでその始まりは次のようである。

君達はいつまで怠けているのか？　いつになったら
勇気を奮い立たせるのか、若者よ？　こんなにもだらしがなくて、
周囲の住人に恥ずかしくないのか？　君達は平和に
座っていようとでも思っているのか、戦争が全土をおおっているのに。
そして戦う理由として次のようなことをあげる。
なぜなら、祖国のため、子供のため、契りを結んだ妻のため、
敵と戦うのは、男にとって名誉ある気高いできごとなのだから。
たしかに、運命《モイライ》がその糸を紡いだときには、
死がやってこよう。だが、戦争が交わされたなら、
誰であれただちに行かしめよ、槍をかかえ、
楯のうしろには猛き心をたぎらせて。
男にとって、死をまぬがれることは決してできぬ定めなのだから。（fr. 1）

同じようなことはテュルタイオスも歌っている。彼はスパルタ人で、前七世紀半ばのメッセニアとの戦いに従軍し死んだとされている。彼はスパルタ人を励ますとともに、故郷への思いと放浪生活のイメージ、それに戦場のあり様を

歌っている点で貴重である。

祖国のために戦って最前線で倒れて死ぬのは、
　立派な男にとってすばらしいことだから。
しかし、なににもましてなげかわしいことは、
祖国と豊かな農地を離れて、乞食の生活を送ること、
愛する母と年老いた父のほか、
　小さな子供と契りを結んだ妻もつれてさまよい歩くこと。
どこに行こうと彼に向けられるのは敵意、
必要と厭うべき貧乏に屈するほかなければ。
一族は恥となり、輝く顔は偽りとなり、
すべてに不名誉と災厄が付き従うのだ。
このようにさまよう者は、子孫共々、
なんの関心ももたれず、敬意もはらわれないのだ。
それゆえ、この故郷を胸にわれらは戦おう、
子供のために死のう、命をもはや惜しむことはしないでおこう。

若者よ、おたがいの持ち場を守りつつ戦うのだ、
　恥ずべき逃走など始めるな、恐れにとらわれるな。
心のなかに栄光と勇敢な精神をもって、
　生き残ろうなどと思わず人と戦うのだ。
年長者を、もはや膝に力のはいらぬ老人を、
　みすてて逃げることなどするな。
年長者が前線に倒れているのに、
　若者はそのあとにいるなど恥ずべきことだ。
すでに頭は白く、髭は灰色となった者が、
　埃のなかで勇敢の息を吐き出し、
血まみれの恥部を両手にかかえ、肌をさらしている姿は、
　目にするに恥ずべき、怒りを駆り立てる光景だ。
一方、若者はすべてがふさわしく決まっている、
　若さの素晴らしい花盛りを謳歌している間は。
男たちは驚嘆して見入り、女たちは愛を感ずる、

若者が生きているときは。そして前線で死んでも彼は美しい。
両の足を大地にしっかりと踏ん張り、
唇をかんで、各人に進ませよ。(fr. 10)

その他の抒情詩人たち

しかし、抒情詩人は戦争ばかりを歌っていたわけではない。「神は女のあり方をさまざまにつくった」と歌いはじめ、雌豚、雌狐、土、海、猿などとその出自と性格を列挙して、(おそらく)人を笑わせようとしたセモニデス▲、「青春という花はほんの短い間しか楽しめない」、その時期が通り過ぎたら「ただちに死ぬのが生き長らえるより良いこと」とペシミズムを歌うミムネルモス▲、これらの考えはのちのギリシア人のなかになんらかのかたちで反響を見出す。二人はいずれも前七世紀後半を生きた詩人で、前者はエーゲ海のサモス島からアモルゴス島へ植民した人物、後者は小アジアのイオニア地方のコロフォン出身で職業的詩人であったと考えられている。前七世紀の末になると、レスボス島に二人の詩人があらわれ、彼らはレスボス方言で自分の感情を歌った。女流詩

▼セモニデス　はっきりした年代はわからないが、前七世紀後半の蓋然性が高いとされている。

▼ミムネルモス　彼についてはスミュルナ出身との伝えもある。前六三二年から前六二九年が最盛期とされる。『ナンノ』という恋人の名前からとった詩集で愛の歌を歌ったとされるが、残されている断片からはそれを確認できない。

人サッフォーは恋愛を歌う。好きになった娘をふり向かせてほしい、と愛の女神アフロディテに願うために「ここにましませ」と呼びかける歌(fr. 1)、お前を見ると舌はしびれ、小さな火が皮膚を駆けめぐり、目はなにも見えず耳はざあざあ鳴るばかり、と恋するときの身体の変化を歌ったもの(fr. 31)、私の美しいと思うのは「あの人の愛するすべてのこと」と愛する者への同化を歌ったものなど(fr. 16)、いずれも恋愛にかかわる。同性であれ、異性であれ、人を恋することのとめようのなさを描き出して、ギリシア人の人間関係の捉え方に一つの知識をもたらしたといえよう。もう一人のアルカイオスは、「さあ飲もう、なぜ灯ともし時まで待たねばならぬ」(fr. 346)とも歌ったが、ミュティレネの権力者に成り上がったかつての仲間ピッタコスへの罵倒が大きな主題となっている。「みじめな俺」をなげき(fr. 130B)、「卑しい生まれの／ピッタコスを、みなでこぞって誉めたたえ、／惰弱で不運なポリスの僭主とした」(fr. 348)と恨みを歌うその詩は、政治が動くなかでの個人の感情を知るうえでよい史料となるが、感情の表出に終わって、政治思想的な成熟には遠いといわざるをえない。

▼サッフォー（前六三〇頃～？）　レスボス島の西岸で生まれたが、人生の多くをミュティレネで過ごした。前六〇四年から前五九六年までシチリアに亡命生活を送ったらしい。彼女の家族なり夫の家族なりがレスボス島での政争に巻き込まれたと考えられる。

▼アルカイオス　前六二五年から前六二〇年頃の生まれ。貴族の出身で、彼の兄とピッタコスとは結託し僭主打倒をはたしたが、新しい僭主ミュルシロスがあらわれた。ピッタコスは詩人の兄を裏切りミュルシロスと結び、ミュルシロスの死後人々によって支配者の地位に選ばれた。

▼ミュティレネ　レスボス島のポリス。場所は一一頁の地図参照。

▼ピッタコス（前六五〇頃～前五七〇頃）　アテナイとの戦いに名をあげ、アルカイオスの兄とともに僭主を打倒し、支配者となって同時代のソロンと同様、法を制定する。またソロンと同じく七賢人の一人に数えられる。

②—哲学者とソロン

哲学者たち

前六世紀にはいると、哲学者と呼びならわされている人たちがあらわれる。最初に中心となったのは小アジアのイオニア地方のミレトスである。当時ここは商業都市として栄えており、先進のオリエント地帯からさまざまな文物が流入していた。ここにタレス、アナクシマンドロス、アナクシメネスの三人が立て続けにあらわれて、万物の根源を考えた。「水」「無限なもの」「空気」というのがそれぞれの答えで、万物はそれぞれの考える根源から発して、それへと消滅していくと、この世の成り立ちを説明したのである。それは、神話にもとづかず、あくまでも合理的思考によって世界を説明しようとする新たな思考法の誕生と評価される。哲学の誕生である。

しかし、彼らは万物の根源だけを考えて暮らしていたのではない。タレスは政治に関わって発言したことが知られるし、アナクシマンドロスもはじめて散文で著作をしたけれど、それはかならずしも自然学にかぎられたものではなか

▼**タレス**　前五八五年頃が全盛期。彼は著作を一つも残さなかった。アリストテレスによって最初の自然哲学者とされる。

▼**アナクシマンドロス**　前五七〇年頃が全盛期。タレスの弟子ないし仲間。ギリシア最初の散文による論文『自然論』を書いた。

▼**アナクシメネス**　前五四六年から前五二五年が全盛期とされる。アナクシマンドロスの弟子。宇宙生成説を極め、前五世紀にはそれがイオニア自然哲学の標準になった。

▼**クセノファネス**（前五七五～前四七五）　ミレトス北方約六〇キロに位置するコロフォン出身。二十五歳のとき、コロフォンがペルシアに占領されたさい故郷を離れ、以後南イタリア、シケリアを中心に流浪の生活を六十七年間送る。

▼**ピュタゴラス**　前五三〇年頃、南イタリアのクロトンに移住。ここで学派を形成し、南イタリアを中心に影響力をもった。

ろうと考えられる。アナクシメネスにも政治を批判し、自国を案ずる手紙が伝えられている。この時期ミレトスは僭主政から長期にわたる内乱をへたあと、内乱を鎮めた新体制、ペルシアの援助を受けた僭主政へと政治体制は変化したが、僭主支配の場合も含めて一貫して有力貴族の力が強かった。そのなかで哲学者たちはおそらく有力貴族層に属し、政治に関わる機会も多かったと思われる。合理的思考法はそうした面でも発揮されたはずであるが、史料はそうしたことを詳しくは伝えない。

その後、ミレトス以外にも合理的思考法をとろうとする者はあらわれた。クセノファネス、ピュタゴラス、ヘラクレイトス、パルメニデス、エンペドクレス、デモクリトスなどの名が知られ、彼らはミレトスの哲学者とともに「ソクラテス以前の哲学者」と総称される。彼らはそれぞれ独自の哲学を展開したが、ここでは影響がとりわけ深く大きかったパルメニデスをごく簡単に紹介しておこう。

彼が生まれたのは南イタリアのエレアで、それはソクラテスとの対話の記録から推測して前五一五年頃と考えられる(Pl. *Prm.* 127a-c)。はじめクセノファ

▼ヘラクレイトス　前五〇〇年頃が全盛期。ミレトス北方約四五キロに位置するエフェソス出身。王族の出身で自主的に王位を弟に譲ったとされる。神託・箴言風の文体のため「謎をかける人」「闇の人」と呼ばれる。

▼パルメニデス　前四七五年頃が彼の全盛期とされる。彼の哲学詩はホメロスやヘシオドスと同様の韻律で書かれている。

▼エンペドクレス（前四九二頃〜前四三二頃）　シケリアのアクラガス出身。名門の出で、彼自身政治に関わった。アテナイのペリクレスとほぼ同年。ギリシア本土を何度か訪ね、前四四三年にアテナイ主導で建設された南イタリアの都市トゥリオイも建設直後に訪ねている。

▼デモクリトス（前四六〇頃〜？）　前四二〇年頃が全盛期。「ソクラテス以前の哲学者」に分類されるが、彼のみはソクラテスよりも年少である。原子論哲学の完成者とされる。

ネスに学んだが、その後ピュタゴラス派のアメイニアス▲という人物に近づいた。アメイニアスの死後、彼を祀って英雄神殿を建設しているが、それはパルメニデスが富裕で有力な家の出身であったからだ、とディオゲネス・ラエルティオス▲は書いている。彼が説いたのは、「ある」ものはつねに同じ程度にあり、「あらぬ」ものはつねにないということで、ようするに物体の生成消滅を否定したのである。それはすなわち、物の生成消滅によって世界の成立変化を説明するミレトス的世界観を否定することであり、大きな反響を引きおこすこととなった。これを受けて、彼以後、四元素説▲や原子説▲など、新たなかたちで物の始原を説明しようとする考えが展開することとなる。ここに生ずる思想のドラマは、ギリシア思想史の大きなトピックとなるが、ここでは時代の新しいデモクリトスをのぞいた前六世紀に関わる哲学者を念頭に、次の二つのことだけを指摘しておきたい。

第一は、名前のあげられる人物のほとんどが貴族層に属するということである。クセノファネスは六十七年間放浪の生活を送ったと自ら述べるが、その前の二十五年間を暮らしたコロフォンでは、ペルシアに占領されて追放された事

▼**アメイニアス**　詳細不詳。ディオゲネス・ラエルティオスは、「貧しいが立派な人物」と伝えている。

▼**ディオゲネス・ラエルティオス**　タレスからエピキュロスにいたる哲学者の伝記と教説をまとめた本を書いて後世の貴重な史料となっている。おそらく紀元後三世紀前半に生きたと考えられるが、彼についてそれ以上詳しいことはわからない。

▼**四元素説**　火・空気・水・土のみが真の「あるもの」でそれらの混合・分離によってものの生成消滅を説明しようとする考え方。エンペドクレスが説いた。

▼**原子説**　究極的に不可分な「原子」と共に「空虚」が「あるもの」で、それらの結合分離によってものの生成消滅のみならず、感情の変化をも説明しようとする。レウキッポスによって始められ、デモクリトスによって完成された。

▼パルメニデスの序詞　そこでは、「さていまこそ語ろう」という女神が「そなたは話を聞き心に留めよ」と命じている(fr. 2)。

実が示すように、有力家系に属し、富裕であったろう。ヘラクレイトスは牛糞にまみれて死んだとも伝えられるが、エフェソスの王族の一員であったことが確かとされる。エンペドクレスも流浪の生活のなかで生涯を閉じたが、それは彼の政治に反対する政敵によって故国アクラガスから追放されたからである。彼が名門富裕の家の出であることは確かである。そのほかも同様で、ようするに彼らの学問は貴族的生活のなかから生まれたものであった。

第二は、彼らの多くが詩のかたちで自らの哲学を語ったことである。それは、彼らが知識人としてこうした詩のかたちに慣れ親しんでいたということもあろうが、パルメニデスの序詞▲が語るように、女神からの啓示として真理を語ろうとしたことが大きかったろう。彼らは自らの到達した学説を絶対的真理として語り聞かせる態度をとり、自らは真理の覚知者として人々を睥睨《へいげい》した。エンペドクレスは政治的には民主政を推進したが、詩においては「自慢たらしく独善的であった」と評されている(Diog. Laert. VIII 66)。アナクシマンドロス以来散文も使われたが、真理の覚知者として愚昧《ぐまい》の輩《やから》に説いて聞かせる態度は変わらなかった。ヘラクレイトスはわざとわかりにくく書き、「能力のある者だけがそれに近づき、民衆的のゆえに軽蔑されないよう」(Diog. Laert. IX 6)にしたとされる。彼らの真理は一般民衆とはへだたったところにあるなにものかだったのである。

前六世紀のギリシア諸ポリスは、王ないし僭主、貴族ないし有力者、そして一般民衆の三者の勢力が入り乱れつつ、新たな秩序へ向かおうとしていた。新しく台頭してきた一般民衆がどの程度力をもち、どのように権力に関わるようになったかによって新しい体制のあり方は異なった。したがって一般民衆をどうみるかということは、当時の知識人にとって重要な問題であったはずである。哲学者たちもそれぞれの思いはあったのであろうが、少なくとも哲学者として自らの思想を語る場合、民衆は彼らの眼中にはなかった。真理を共有しうる少数の人間のみが彼らの眼中にあった。それが成り立ったのは、彼らの真理がさしあたり人々の日々の行動と離れたところにあったからである。彼らは民衆に語る必要はなかった。唯一の例外はピュタゴラスで、彼は自らの思想にもとづく行動指針を案出してそれを唱えた。そして、その教え・戒律(アクースマタ)を信奉する人々によって一種の宗教教団がつくられたが、その影響力は南イタリアでこそいくらかあったものの、ギリシア本土にはいれば限定的であった。こうして、この時代の哲学者たちの営為は深く民衆に浸透することなく終わったのであるが、一人深く民衆と向き合わざるをえなかった思想家がいた。アテナイのソロンである。前六世紀の最後に、彼についてみておこう。

ソロン像

ソロン

前五九四年、彼が調停者に選ばれたとき、有力者と民衆との抗争は激しく長く続いていた。そのため両者は合意して彼を調停者に選んだとされる。彼が名声をえたのは、それ以前のサラミス島をめぐる隣国メガラとの争いのときのことであった。長期の戦いに疲弊したアテナイは、メガラ領有を主張することを死刑をもって禁止したのであるが、ソロンは気の触れたふりをしてアゴラ(公共広場)にあらわれ自作の詩を歌いあげた。

　私は触れ役として愛しのサラミスからやってきた、
　言葉を並べて演説のかわりに歌をつくって。(fr.1)

と歌いはじめ、アテナイ人として不名誉にいたたまれない思いを歌う。

このさい私はフォレガンドロス人かシキノス人(といったとるに足らぬ国の人間)でありたい、
アテナイ人のかわりに祖国を取り換えて。
なぜならすぐにもこうした噂が人々の間に広まるだろうから、
あいつはアッティカの男だ、ほら、サラミスを裏切った国だ、と。(fr.2)
そして最後には政策転換を訴える。
さあ、サラミスへ行って、愛しき島のために戦おう、
そしてこのたえがたき恥辱を晴らそうではないか(fr.3)。
これに感激した人々はソロンを指導者に選んでふたたび戦いを始め、ソロンもよく期待にこたえてたくみな指揮ぶりを発揮し、ついにサラミス領有に成功した。

調停者となった彼は、債務を帳消しにし(「重荷おろし」)、市民が債務のために奴隷となることを禁じた。また市民を財産に応じて四階級にわけ、階級ごとに政治への参加資格を定め(「財産政治」)、さらに多くの法を制定した。彼は自らの改革についても詩のなかで触れ、民衆にも有力者にも勝ちを認めなかった

と歌う。

私は民衆に十分なほどの特権を与えた。
その名誉を奪いもしなかったし過度に与えもしなかった。
権力をもち財産を称賛される者たちには、
ふさわしからぬことのないようにはかった。
私は両者のために強い楯をもって立ち、
どちらの側にも不正に勝利することを許さなかった。（fr. 5）

自分は民衆にも有力者にも加担せず、両者から等距離を保った。そうしたからこそポリスに混乱は起こらず、自らも安全であったとも歌う。

卑しき者にも貴き者にも平等に、
各人に真っすぐな正義を調和させて、
掟を書いた。いい加減で貪欲なほかの者が、
私のように（家畜を追うための）突き棒を手にしたなら、
民衆を押し止めえなかったろう。もし私が
あるときは一方の側が喜ぶことを、

あるときは他方の側が思うことを望んだりすれば、
このポリスは多くの命を奪われたことであろう。
それゆえに私はあらゆる方向からの敵を防御して、
多くの犬にかこまれた狼のごとくに身を翻したのだ。（fr. 36）

このように彼はたんなる書斎の人ではなかった。四十六を数える詩の断片は、われわれの知ることのできる最初のアテナイ人の肉声として興味深いが、

つねに多くを学びつつ、私は年老いてゆく。（fr. 18）

と自らのことを歌う場合も、人間の成長を七年間ごとに分けてその特徴を語る場合も（fr. 27）、人々に語りかけようとする姿勢が顕著である。彼は

私には涙のない死など来ぬように、私は死んで
友人たちに苦しみと嘆きとを遺したいのだ。（fr. 21）

と歌っていた。社会に関わり社会を変えることによって友人に称賛され、自分の死を深く悼まれるようになりたい、というのが彼の思いで、そこから人々に説いて聞かせる教訓もあらわれる。

同じことなのだ、富める者……にしても、

貧しい者……にしても、時さえくれば、
若さが身体を満たすのは。
これぞ死すべき身にとっての富なのだ。なぜなら莫大な財産の
すべてをもってハデス▲へ行くことは誰もできないから。(fr. 24)

と富の価値を否定し、

私は財宝をえたいと望みはするが、それを不正にえようとは
思わない、かならずあとになって正義がやってくるものだ。
……人々が傲慢の内に追い求める富は、秩序立って
やってはこず、不正な行いにしたがって
望まぬままについてきて、すばやく破滅と結びつく。(fr. 13)

と正義の重要性を説く。

民衆と有力者、あるいは有力者相互間で分断されたポリスに生きた彼にとって、正義の拠り所はアテナイというポリスにあった。人々の対立をこえたところにある、アテナイという存在こそが彼にとって重要だった。そのアテナイを愛し、アテナイの利益をはかることが本当の正義だった。それであるから、ポ

▼ハデス　冥界のこと。

リスを一人で支配しようとすることは彼にとっては忌むべきことだった。

　ソロンは生まれつき思慮深くも賢くもない。（fr. 33）

と非難されても僭主になろうとしなかったし、僭主への動きをみせるペイシストラトス▲を人々に警告する詩や僭主を許してしまった人々を非難する詩には彼の必死さがあらわれている。

　雲より雪と霰《あられ》の力は生じ、
明るい稲妻より雷鳴は生ずる。
偉大な人物よりポリスの破滅は生ずる、
民衆は知らぬ間に一人支配の奴隷状態に陥る。
あまりに高くもちあげればあとに押し止めることが容易ではない、
さあ、いまやすべてをよく考えねばならぬ時だ。（fr. 9）
諸君が自らの臆病のゆえに苦しい目にあっているからといって、
その運命を神々のせいにしてはならぬ、
諸君自身が兵力を与えてやつらを増大させ、
そのために不幸な奴隷状態に陥っているのだから。

▼**ペイシストラトス**（前六〇〇頃〜前五二七）　ソロンの改革後の混乱に乗じ前五六一年アクロポリスを占拠し、僭主政を樹立した。ソロンが反対したのはこのときのこと。この僭主政は失敗したが、前五四六年に支配権を確立し、以後死ぬまで権力を握った。

諸君の一人一人は狐の足取りで(抜け目なく)歩いている、
だが諸君のすべてが一緒になると頭は空っぽだ、
甘い言葉で誘う男の舌と話ばかりに気をとられ、
実際なされていることには眼を向けようとしないのだから。(fr. 11)

民衆を含めて広く人々に自らの真実と信ずることを語りかけ、人々を動かそうとした点で彼は特異である。独善的に真理を語った哲学者とも、自らの知る狭い範囲を対象として歌った抒情詩人たちとも違って、彼は多くの人々の従うべき道を平易な言葉で説いた。それは新しい知識人のあり方、新しい政治家のあり方を示している。

しかし、彼の示した正義がただちに受け入れられたわけではない。彼の立法後も混乱は続き、僭主政が続いた。しかしながら、僭主政をへた古典期のアテナイにおいて、彼は尊敬すべき対象であった。多くの者は彼の名を尊敬の念を込めて語り、法はソロンのものとされることによって権威を獲得した。彼の正義の拠り所であった「アテナイ」への思いも受け継がれ、ポリス分断の危機のさいにはそれが強く意識されることとなった。そして、彼の法はアテナイ人の性格を規定することになった。例えば、彼の法の特異な点として、「内乱（スタシス）にさいしてどちらの側にも属さぬ者は市民権剥奪」というものがあるが、それは公共のことに無感動、無関心ではあってはならぬとの思いからつくられたとされる。この思いと、彼の歌う理想

　私に与え給え、至福の神々よりは幸福を、
　すべての人々よりは尽きることなき名声をえることを。
　友人には甘く、敵には辛くあることを、
　前者には尊敬され、後者には恐れられてみられることを。（fr. 13）

とのなかに、その後アテナイ帝国を築き他国のことに積極的に関与することになる、アテナイ人の「干渉主義（ポリュプラグモシュネ）▲」の心理的淵源を見出すことができるだろう。

▼干渉主義（ポリュプラグモシュネ）　アテナイの積極的対外政策を指してよく用いられる言葉。実際には反対語アプラグモシュネを否定するかたちでよく使われる。

▼ペルシア戦争　前四九九年のイオニア反乱に対する報復から企てられたペルシア軍のギリシア遠征に対する戦争。第一回はマラトンの戦い（前四九〇年）によって、第二回のクセルクセス王の親征はサラミスの海戦とプラタイアの戦いによってギリシア側の勝利が確実なものとなった。

③—前五世紀のアテナイ

ペルシア戦争後の推移

ペルシア戦争は、前四八〇年のサラミスの海戦と翌年のプラタイアの戦いにペルシア軍が敗れて撤退し、終わりをむかえたことになっている。しかし、それはかなりの時間をへだてていえることであって、当時の人々にただちに終わりが意識されたわけではなかった。ペルシア軍の通過跡にはペルシア軍の爪痕がまだ生々しく残り、一時都市を占領されアクロポリスを焼かれたアテナイにも被害の跡はまだ生々しかった。人々は態勢を整えなおしたペルシア軍の再来襲がいつあるかもしれぬという恐怖をぬぐい去れなかった。

こうしたなか、全ギリシア軍を指揮するスパルタ王族のパウサニアスの傲慢な態度が多くのギリシア諸国に反発をもたらした。いきおい、十年前のマラトンの戦いに続き、今回もペルシア軍を撃退したアテナイへの評価と期待は高まり、アテナイは新たな同盟の結成に奔走することとなった。こうして前四七八／七年冬、デロス島に代表者が集まりデロス同盟が正式に結成された。アテナ

▼サラミスの海戦　ペルシア戦争の趨勢を決定づけた海戦。テミストクレス指揮下のアテナイ海軍は、ペルシア艦隊を狭いサラミス水道に呼び込み、動きを封じて勝利した。

▼プラタイアの戦い　サラミスの海戦の翌年におこなわれ、ペルシア軍の敗退を決定づけた陸戦。プラタイアはボイオティア地方の南部にある。

▼アクロポリス　ポリス中心部にある丘で、周囲より九〇メートルほど上にそびえ、前五世紀にはポリスの守護神が祀られた聖地。

▼パウサニアス(?〜前四七〇頃)　スパルタ王家の出身で摂政としてプラタイアの戦いの総指揮をとり勝利に導いた。しかし、その後ペルシアとの内通を疑われ本国に召還された。このときは無罪となったが、その後反乱を疑われて神殿に逃げ込み、餓死に追いやられた。

▼マラトンの戦い　アッティカのマラトンに上陸したペルシア軍をミルティアデス指揮下のアテナイ重装歩兵軍が破った戦い。

イは盟主として指導権を認められ、同盟各国の担う負担金ないし負担兵力を定め（清廉潔白で名高いアリステイデスがこれを担当した）、同盟軍を率いて活動を開始した。活動の目的は、対ペルシア防衛とこれまでペルシアにこうむった被害をいくらかでも取りもどすということで、当初はそれにそった行動がとられていた。しかし、やがて変化があらわれる。前四七〇年ないし四六〇年代はじめにナクソスが同盟から離れようとしたとき、すでにそれはあらわれていたというべきであろう。アテナイは同盟軍を使って武力によってこれを鎮圧した。強弁すれば、ナクソスの離反が対ペルシア防衛に障害を与えるといえなくはなかろうが、自由で平等であるべき同盟国の意思を踏みにじり、武力で押さえつけようとする行動にアテナイの強権的体質があらわれていた。

　アテナイは平等であったはずの同盟国を、次第に自らの命令に従う従属国の状態にし、同盟軍維持のための負担金をアテナイ軍のために用い、アテナイへの貢税のようにして厳しく取り立てるようになった。この背景に故国を離れての遠征を嫌い、すべてを金で解決しようとした同盟国側の動きがあったとトゥキュディデスは指摘するが（Thuc. I 99）、おそらくそうしたこともあってアテ

▼**アリステイデス**（前五二〇以前〜前四六八頃）　テミストクレスのライバルであったアテナイの政治家。マラトンの戦いでは将軍の一人であった。テミストクレスと対立して陶片追放にあったが、サラミスの海戦前に帰国してアテナイ軍を助け、プラタイアの戦いではアテナイ軍を指揮した。

▼**トゥキュディデス**　ペロポネソス戦争の歴史を書いた歴史家。前四六〇年頃の生まれで、将軍としてペロポネソス戦争に従軍するがアンフィポリスの戦いの失敗を問われて追放され、それ以降『歴史』の執筆をめざした。

●—地中海周辺およびアッティカ地方

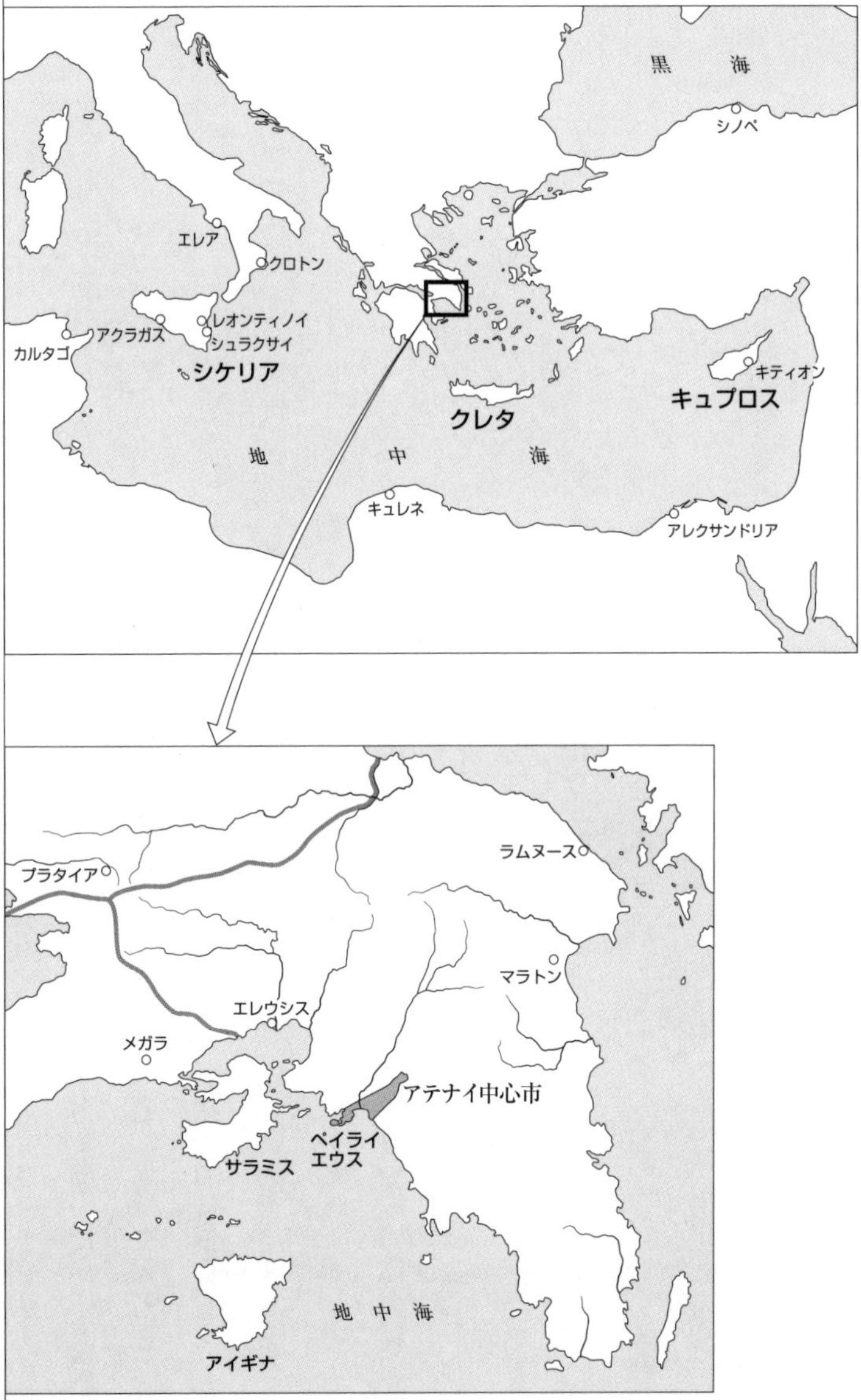

ナイの強権的体質はさらに強化されていく。アテナイの力の源泉にあるのは、サラミスの海戦に勝利した卓越した海軍力であったが、同盟国の貢租はこれをいっそう強め、どの同盟国もアテナイの力にもはや太刀打ちはできなくなった。そして海軍力は漕ぎ手として乗り組む民衆の力に依存していた。

当時の軍船三段櫂船は一隻あたり一七〇人の漕ぎ手を必要とする。片側二六列〜三〇列の三段になった漕ぎ座の並ぶ狭い船内にはいり、外のほとんど見えない状態で漕ぐことだけに専念するのである。船の能力は前後左右に船をすばやく操船させる技術により、それは漕ぎ手がどれほど息を合わせて漕ぐかにかかっていた。息を合わせるためには訓練を必要とし、やがて彼らの間に独特の仲間意識が生まれる。漕ぎ手には奴隷や外国人も含まれていたであろうが、中核となったのは下層市民で、「アテナイのため」という愛国心が彼らの士気を支えた。それはすなわち新しいタイプの市民の出現ということであり、アテナイ民主政の進展とはそうした市民を政治のなかに取りこんでいくことを意味した。ソロンの四階級は依然存在し、市民のなかに権利の格差はあったであろうが、市民として尊重される彼らから不満が生まれることは少なくなり、むしろ

●——**三段櫂船**(上)**とその内部**(下)　写真は現代の復元船。下の写真では，漕ぎ座が三段になっているのがわかる。

▼「**カリアスの平和**」　アテナイの名門貴族カリアスとペルシアとの間で結ばれた平和条約。これによってペルシア戦争が完全に終結した。同時代の史料に言及がなく、この存在を疑う見方もあるが、今日の大勢はこれを認めている。

市民と非市民との間の区別の方が大きな意味をもつようになった。戦いのなかに生まれた絆はさらなる戦いを求め、彼らは総じて好戦的であった。アテナイの強権的政策の、そして他国に積極的に介入する「干渉主義」の、背景には彼らの存在があった。

もちろん彼らは下層市民であり、政治の中心にいるわけではない。政治を担っていたのは富裕名門出身の者たちであったが、彼らももはや下層市民の意向を無視しえなかった。民会を開けば彼らは大きな勢力をもって座を占めており、政治を担う者にとっては、彼らをどう満足させ支持をえながら統御するのかが問題であった。

ペリクレスはその成功者として前五世紀の半ばの三、四十年間をアテナイの指導者として過ごした。彼は民衆を言葉によって恐怖に陥れたり、勇気を取りもどさせたりしながら支配したといわれるが、その彼でさえ晩年には自らの政策のゆえに罰金を課され、嫡子を失ったさいは庶子に自らの家を継がせるため民衆に泣いて嘆願しなければならなかった。それゆえ、前四四九年の「カリアスの平和」▲でペルシアとの和約がなり、デロス同盟の存続理由がなくなったと

紀元前五世紀のアテナイ

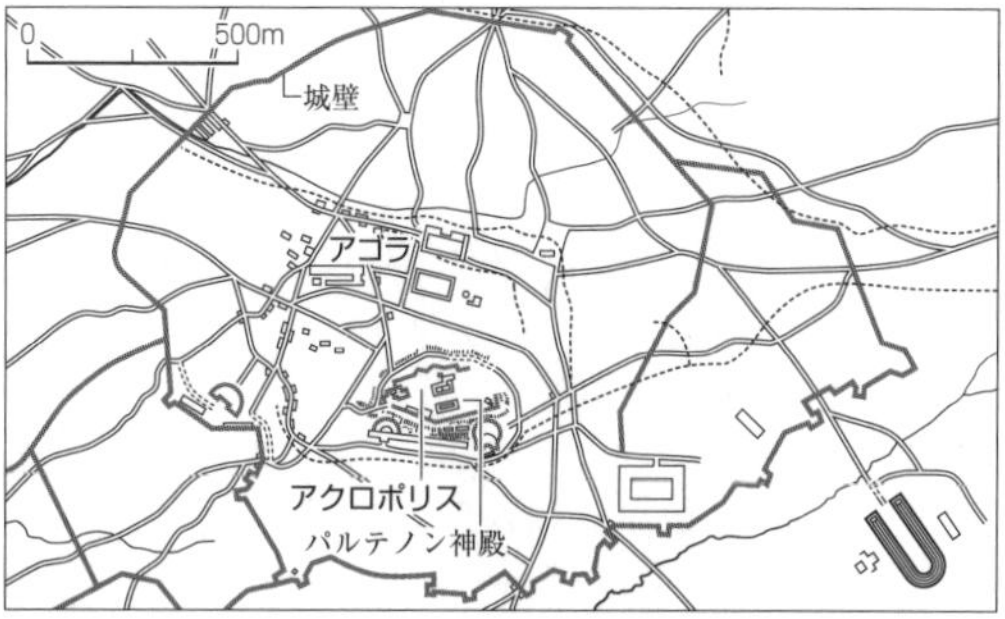

きに、同盟の解体を許さず、これまでどおりの貢租の支払を求めたのも、民衆の意を呈したペリクレスであったといえる。彼にアテナイの栄光を高める高邁な理想があったとしても、当面の彼を支えたのは民衆の強権的体質であった。しかし、それにしても同盟存続の果実は大きかった。毎年定期的にはいる安定収入はアテナイの財政を潤し、前四四七年からはパルテノン神殿の建築が始まった。アクロポリスの上に壮麗な姿をみせはじめた神殿は、アテナイの永遠の繁栄を象徴しているかのようであった。前四四六年にはスパルタおよびその同盟諸国との間に「三十年平和条約」▲を結んだ。これは状況からみればアテナイの敗北であったが、その後最大のライバルを気にせずに、同盟と同盟を支える艦隊を強化できる時間的余裕が与えられることとなった。その間、アテナイの強権的体質は同盟諸国にさらなる憎悪を引き起こし、スパルタに警戒の念を与えて平和条約三十年の半ばでペロポネソス戦争が起こることとなる。

知のあり方の変化

以上が、前五世紀のアテナイの概観である。では、この時代のアテナイの知

▼**「三十年平和条約」**　前四四六年春、コロネイアの戦いにアテナイが敗れると、エウボイア、メガラと離反が続き、スパルタ軍のアッティカ侵入も起こった。それを背景に結ばれたこの条約により、アテナイはそれまで獲得していた土地のいくらかを放棄した。

をめぐる環境はどのようなものであったろうか。ソフィストと呼ばれる一群の職業的教師が活動する一方、ソクラテスが真の哲学を説きはじめ、やがてそこから出たプラトン、アリストテレス▲によって哲学が形成された、というのがこれまでの大筋の理解であった。しかし、現実はそう簡単なものではなかったのではないか、というのが最近いわれていることである。ソフィストとしてまとめられるような人々は存在せず、ただ、さまざまな主張を唱える多くの人があらわれた。彼らはその主張が他に優れると認められた場合「知者(ソフィスト)」と呼ばれた。アンティフォンもソクラテスもそれらの一人にすぎない。新説はこのように説く。その理解にもとづけば、ソクラテスの一党が「哲学者」と呼ばれ他と区別されるようになるのは、一群の「知者」たちのなかでのさまざまな知的闘争をへたあとであった。われわれは主としてアリストテレスのおかげで「ソクラテス以前の哲学者」(二六〜二七頁参照)についてあるまとまったイメージをもてるのであるが、彼の先行研究への見方はかなり偏ったものなのではないか、それは「ソフィスト」についても同様であろう、というのが新しい説に含まれる思いである。ここでその説を詳しく検討する余裕はないから、以下

▼**アリストテレス**(前三八四〜前三二二) 哲学者。カルキディケ半島のスタゲイラ出身。十七歳でプラトンの学園に学んで二十年間を過ごしたあと、小アジアなどをめぐり、前三四三年にはマケドニアにまねかれアレクサンドロスを教える。前三三五年にアテナイにもどってリュケイオン(九五頁参照)に学校を開き、ペリパトス派と呼ばれた。左図はウィーン、美術史美術館所蔵のアリストテレス像。

▼**エウリピデス**（前四八五頃〜前四〇六）　ギリシア三大悲劇作家の一人。『ヒケティデス』は「嘆願する女たち」の意で、埋葬を許されなかったテバイ攻めの七将の遺体をアテナイ王テセウスが武力をもってテバイを屈服させ、埋葬させるという話。前四二四年から前四二二年の作品とされ、アテナイを讃美する姿勢が顕著である。

ではこの説を踏まえたうえで、なるべく具体的史料に負いつつ、まずアテナイにおける知をめぐる状況を想像してみよう。

アテナイにかぎらずギリシア一般に教育を重視する思いがあったことは多くの証拠が示している。たとえばエウリピデス▲の『ヒケティデス』のなかにある一節をみてみよう。「よい教育こそ恥を知る人を作るもの。徳の訓練を積んだ者は誰であれ卑怯者になることを恥じる。勇気は教えられるものだ、赤子さえまだ知らぬことをいったり聞いたりするよう学ぶのだから。人の学んだことは老年にいたるまで身についているもの。それであるから子供たちには立派な教育を与えたまえ」(Eur. *Supp.* 911–6)。ここにはよい教育が立派な人間をつくるという考えがあらわれている。

ただ、これをそのままアテナイ人一般の考えであるとするには注意が必要で、少しまわりくどい道をとらなければならない。というのは、この台詞の背景にはこの時代の大きな論争のテーマである「人間の徳を決めるのは教育か生まれか」という問題があったと思われるからである。ペリクレスの息子たちは父親をののしるなど人間として立派とは認められなかった。しかし、生まれからいえば彼らは父親の徳を受け継いでしかるべきであった。はたして徳は血によらないのか。一方、ペリクレスが息子たちにアテナイ人の誰にも劣らぬ教育を施したことは周知の事実である。はたして徳は教育によって教えられないのか。かくして議論は錯綜していくが、エウリピデスの台詞は、これに対する一つの答えを示している。そしてこの解答がアテナイ人の大方の賛同をえられるものであったと推測できるのは、他の史料と考え合わせてそのほうがはるかに整合的だからである。血か教育かの議論はプラトンの描く「ソクラテス対話篇」の多くにあらわれるが、そこに教育の価値を完全に否定する議論はあらわれない。アリストファネスの喜劇『雲』にはかつてのマラトンの戦士をつくった教育と対比して今日の教育を批判する場面が出てくるが、それはかつての質実剛健の教育に比べて今日の教育が柔弱な若者をつくり出しているということであって、教育そのものの存在は当然視している。とすれば、アテナイ人の多くは教育の価値を認め、公教育はなかったとしても、子どもを学校に送ったに違いない。下層市民も、市民としてプライドをもつ存在になっていたことを考えれば、それに変わりはなかったろう。

▼**アリストファネス**（前四五〇頃〜前三八五頃）　ギリシア最大の喜劇作家。十一篇の喜劇が現存するが、当時のアテナイの社会状況を知るうえにいずれも貴重な史料である。

▼**『雲』**　アリストファネスの喜劇。前四二三年の大ディオニュシア祭で上演され三等となっている。その筋については、第五章の「ソクラテス的生活」参照。

学校で教えるのは、読み書きと算数・幾何学、音楽、体育であった。音楽で大事なのは詩の暗唱で、ホメロスやソロンが教えられた。アテナイの伝統はこうして守られたわけである。さらにアテナイ民主政そのものに教育の効果があった。市民全員に参加資格のある民会で語られる演説は時として社会情勢を語り、社会への対処の仕方を説くであろうし、市民の多くが一票をもつ裁判官として関わることとなった裁判で語られる弁論は、さまざまな事件をとおしてアテナイ人としての心構えと振る舞いを考える機会を与えよう。祭典で競演のかたちで催される悲劇・喜劇は、競演という性格上、人々の心をとらえて順位をあげようとさまざまな工夫が凝らされ、その結果感動と共感の内に人々に多くのことを教えることとなった。悲劇では人知のおよばぬ運命に絡めとられていく人間のはかなさ、悲しさが心打つ台詞とともに展開されて人間の限界に思いをいたすこととなったろうし、喜劇では町でよく見かける政治家や文化人の醜悪かつ滑稽な姿が奇想天外なストーリーとともにあらわれて、腹をかかえながらも社会の実相に思いをいたすこととなったろう。さらに市民としてその機会が少なからず訪れる戦争参加の義務をはたせば、指揮官たちはアテナイの栄光ある歴史を語り祖国への熱い思いを駆り立てるべく努めていたろうし、なによりも敵に勝つための現実が、重装歩兵であれ船の漕ぎ手であれ、同僚と歩調を合わせた秩序乱さぬ行動をとることを余儀なくさせた。このようにして「アテナイ市民」というあるまとまった、実質のある均質的集団が形成されることとなる。アテナイというポリスの政治的あり様が、市民の文化水準を一定以上に保つことを保証していた。

しかし、それだけではない。市民の間にはたがいに競い合おうとする精神があふれていた。ヘシオドスのところでも少し触れたが、彼らの求めてやまない「徳（アレテー）」とは他にまさる優秀さ、卓越性を意味していた。運動であれ知であれ、他と競り合うことのなかにアレテーがあらわれるのであって、それを求める者はいくらかでも他と違った人間になることを求めざるをえない。他に抜きんでること、それが彼らの理想であり、他に抜きんでた知者や一等賞受賞者への称賛と尊敬ははなはだ大きい。その理想がホメロス以来の狡知《こうち》・機略を尊ぶ伝統と結びつけば、テミストクレス▲について伝えられるさまざまな大胆な行動となって結実しよう。例えばスパルタに乗りこみ疑惑の目でみら

▼テミストクレス（前五二四頃〜前四五九頃）　アテナイの政治家。ラウレイオン銀山から大量の銀が見出されたときには反対を押し切ってその金で軍船を建造し、サラミスの海戦の勝利につなげるなど、先見の明をもった大政治家とされる。

れつつも彼らをたくみに欺いてアテナイの城壁建設を成功させたり、アテナイを追放されたあと、サラミスの海戦で苦汁を飲ませた仇敵のペルシアに逃れたりしている。その伝統は、同じくアテナイ追放後目下の敵国スパルタに、そしてペルシアに逃れたアルキビアデス▲にも受け継がれていることは確かであろう。アテナイ民主政下には、市民相互に同等であろうとする強い意思とともに、他とは異なる一者たらんとする強い欲求もあった。両者の微妙なバランスの上に成り立つのが当時のアテナイ社会であった。

　こうして私たちは本書冒頭の『プロタゴラス』の場面にもどることができる。あそこに描かれていた、プロタゴラスやその他のソフィストの周りを取り巻く者たちは、他に優る知のアレテーをソフィストたちから獲得せんとカリアスの家に駆けつけた者たちであった。自分を知者にしてくれるなら「私の金も友だちの金もなくなってもかまわない」と語る若者の言葉に、彼らの欲求の強さがあらわれている。さらにこの家の当主カリアスは「ソフィストに対し、ほかの人全部を合わせたよりも金を使った人」(Pl. *Ap.* 20a)であった。こうした人たちの熱意は、教育を尊重する風潮にも助けられて、薄まりつつも市民全体に広

▼アルキビアデス（前四五一～前四〇四）　ペリクレスの後見のもとに育ち、美貌をもって民衆の人気をえて政治家となった。シケリア遠征を主張し遠征軍将軍となったが、途中で逃亡しスパルタ、ペルシアと亡命先を変えた（七六頁参照）。

がり、一種の雰囲気をつくり出していたというべきだろう。アテナイは知に優れる町であるとの評判は多くの史料に確認できる。そして、そうした雰囲気のなか、人々のなかにある知への強い欲求に導かれて知を説く者たちも活動することとなる。最初にみたアンティフォンの『真理論』にあらわれる幅広い知的好奇心は、人々のなかにある強い知的欲求を需要として成り立ったものであったに違いない。こうした需要にこたえつつ活動する者は、知があると認められればソフィストと呼ばれたが、結局彼らも需要と供給の関係のなかにとらわれていくこととなる。知者と認められるかぎり人々の吟味にさらされざるをえず、知者としての評価は彼らの評価に拠る、あるいは彼らから評価されなければなんの名誉も与えられないとすれば、知者も孤立して存在しえなくなる。パルメニデスのように真理を神の与え賜うたものとして詩のかたちで歌うことも、ヘラクレイトスのようにわかりにくく書くことも、エンペドクレスのように高圧的に語ることも、ここではもはやできなくなる。ここでは真理を多くの者に説いて納得させうる者が「知者(ソフィスト)」である。そうだとすればアンティフォンの『真理論』は、前五世紀アテナイにおける知のあり方を象徴的に示す書物ということになる。そして「ソフィスト」とは、前五世紀アテナイが生み出した知者のイメージを投影される一群の人々であった。

ところで、ソフィストの評価が多くの人々の評価によって定められるとすれば、当然そこに競争が起こってくるであろう。しかし、あったはずの真の知者をめぐる壮烈な闘いの跡をたどることはもはやできない。史料はほとんどそのことを語らないからである。ソクラテス・プラトン・アリストテレスという流れが勝ち残る間に、その他の史料の多くは失われてしまった。以下に試みるのは、乏しい史料にもとづきながら、存在していたであろう人物と闘いを復元する試みである。

④—アンティフォン

人物同定の問題

アンティフォンは、私たちが最初に覗いた『真理論』の著者であるが、この人物の人物同定については現在でも議論が分かれている。『真理論』のほかに『一体性論』と題する著作、政治に関わる論考、夢に関わる論考を書いたソフィストであるアンティフォンがいたことは確かであるが、このアンティフォンはこの時代にいた弁論家として著名なもう一人のアンティフォンと同一人物かどうかというのが問題の焦点である。ホメロスの人物同定の問題と同様にアンティフォンは一人だとする統一論者がいる一方、別人だとする分離論者がいるが、今日ではこれまたホメロスの場合同様、統一論者の方が優勢だといえる。

これまでみてきた知の状況から、こうした著作も弁論も書きえた人物がこの時代のアテナイにいたとしても不思議ではない。むしろこうした人物が生まれる環境は整っていたといえるのではなかろうか。強い知的欲求がこうした人物を生む可能性を否定できなかろう。また多くの人が統一論も分離論も自説を完

ラムヌースの要塞跡

全に証明することに成功していないと考えているが、それはそのとおりだといえよう。そうしたことを踏まえれば、統一論の方に傾斜していく大勢を押さえることは難しい。そして、一人のアンティフォンという立場に立って眺めてみると、一見ばらばらにみえる著作群と諸弁論とを統一的に理解する一筋の道を見出しえるように思う。そもそも分離論の背景にはソフィスト的著作も弁論も書きうるような一人の人物がいたはずがないという考えがあったのであるから、一人と考えることはそうすることのできた大知識人を想定することとなるが、そうした大知識人が生まれ、弁論家となり、やがて政治に関わり処刑される経緯を、彼の諸著作の断片や弁論と弁論の断片を使って想像してみることが、これからなしてみようとすることである。それはソクラテスにゆうに匹敵しうる知者の生き方を復元することである。

知のチチェローネ(案内人)

アンティフォンが生まれたのは前四八〇年前後のことと考えられる。出身区はラムヌース区で、ラムヌースはアッティカ東岸の岬にある要塞都市として知られる。家が裕福であったとすれば、ここと中心市に家をかまえ両方で育った可能性があり、裕福でなかったとすれば、ここだけで育った可能性が高かろう。父親はソフィストだったと伝えられ、それをどう解釈すべきか見解は分かれるが、ともかく教育にたずさわっていたのだとすれば、学ぶことに価値を見出す環境が彼の周りにはあったであろう。風光明媚なラムヌース区とどのような関わりをもったかはわからないが、ほかの子ども同様初等教育を受けたあと、中心市や外国に赴き先端の学問を吸収しようとしたのだろう。

彼が若者だった前四六〇年前後のアテナイにおいて最先端の学問を極めようとすれば、まだ外国に赴く必要があったと思われる。本の普及はまだ進まず、待っていれば知者が集まるほどアテナイに魅力があるわけでもなかった。おそらく各地で学んだ成果が、本書冒頭に掲げた『真理論』であったろう。アテナイに芽生えはじめていた知的探究心を満足させる一書として、それはあらわれたのに違いない。このなかでアンティフォンはさまざまな分野について自らが真理と見出したものを語り、人々に驚嘆を与えようとしている。たとえば、冒頭で取りあげたパピュルス断片を考えてみよう。ここで彼は証人がいるなら法に、証人がいないなら自然に従うのが自らの利益にかなうと主張している。その理由は、法は人間が合意したものにすぎないが、自然は自然に生まれたものだからだというのである。先を読み進めてみると、法に対する違反は気づかれれば処罰されるが、気づかれなければなにもないのに対し、自然に対する違反は気づかれようと気づかれまいと悪が減るわけではないとされ、さらに法の定めることは自然とあい容れないとの認識が示される。語り口は平明だが、残り方が断片的であることから、アンティフォンの真意がどこにあるのかただちにはわからない。法よりも自然を重んずる自然尊重の思想を示していると解釈することもできなくはない。しかし、よりありそうなのは、法を守ることが正義であるとする一般的見解に対し、法がかならずしも人間の自然の行為を擁護するものではない、すなわち法はかならずしも正義ではないということを示して人々に驚嘆を与えようとした、ということである。そうしたことは次のような箇所からも確認できる。

おたがいに真実を証言することは正義であり、人間のおこなうことに対してなににも劣らず有用であると考えられている。しかしながら、もし自らに不正をこうむっていない者は誰にも不正をなしてはならないというのが正義であるならば、このことをなす者は正義ではなかろう。なぜなら、たとえ真実を証言するのであれ、証言する者は他人になんらかのかたちで不正を与えざるをえないからである。〔断片一四四(c)〕

一般に真実を証言することは正義であるが、その証言によって証言される者に害を加えることとなるのを考えれば、不正をこうむったことのない相手に不正をなしてはならぬという正義にはもとることになる、と主張しているのである。一般に正義と信じられていることが必ずしもつねに正義とは限らないということを示して驚嘆を与えようとしているといえるだろう。そのほかについてもこうした線から理解すべきで、ようするに、数学から医学・生理学、天文学にわたる幅広い領域における真実、さらには社会・人間に関わる真理を、時に創見をまじえつつ一書にまとめ、知に飢えた人々のガイドブックたらんとした、というのが本書の意義であったように思われる。

一方、断片がある程度残っているもう一つの著作『一体性論』ではまったく別の彼があらわれている。そこには熱意を込めて語りかける彼の姿があらわれている。たとえば次のような具合である。

次のような話がある。ある男が、穴から金を取り出そうとしている男を見て、自分に利子付きで貸してくれるよう熱心に頼んだ。その男はそうしようとはしなかった。その男は人を信ぜず、助けることもしないような人であった。そして彼は金を取り出すと、どこか離れたところの別の穴に埋めてしまった。するとその様子をみていたもう一人の男が、これをこっそり盗みとった。あとになって金を埋めた男がやってきたが、金はみつからなかった。そこでこの男は不幸をなげき悲しんだ。とりわけ頼んだ男のために使わなかったことをなげいた、そうしておけば金は彼にとって安全であったうえに、それ以上のものをつけ加えたであろうと。この男は、かつて貸してくれるよう頼んだ男と出会うと、不幸を大声でなげいて、自分はあやまちを犯した、親切な態度をとらず素気なくしたことを悔いている、なにせ金はまったくなくなってしまったのだから、といった。最初の男は、彼に思いわずらうな、といった。金はある、なくなってなどいやしない、君はその場に石をおいたと考えたまえ。「君が金をもっていたときに君はそれを使わなかった。君はいま何もとられたものはないと考えたまえ。なぜなら、かつて使わなかったしこれからも使わないであろうものは、それをもっていようといまいと損失は大きくも小さくもならないからだ」。神は、善をけっして与えようとは思わぬ人に対しては、多くの金を与えながらも思慮深さの点では貧弱なものとし、一方を取り去ることで両方を奪うものなのである。（断片一五四）

おそらく、金をなくしたといってパニックに陥る心を、じつはなんの損失もこうむっていないと考えられることに気づかせて、心の平衡を取りもどさせ、心の一体性を保たせようとすることがこの書の主題に一番関わることであろう。そのうえでここに何かいいたいことがあるとすれば、過度の倹約に対する警告であるとか、人生には善きこと（富）と悪しきこと（思慮の足りなさ）がいりまじっているという真理の指摘であるとか、金をもつことと使うことの双方に賢明でなければならないという教訓であるとか、解釈には違いが出てこよう。しかし、いずれにしても、ここにはエピソードが語られ、話に色が添えられている。『真理論』の、少なくとも残っている断片には、こうしたエピソードはあらわれなかった。また次のような断片がある。

人生すべては驚くほどたやすく非難できるものなのだ、幸せな御仁よ、人生にはきわだったことも偉大なことも崇高なこともなにもなく、すべては小さく弱く短くて大変な苦労がいりまじっているのだ。（断片一五一）

「幸せな御仁よ」というのは呼格形《こかく》であり、読者に呼びかけつつ納得させようとする姿が顕著である。しかし、いっていることは人生は短く苦労が多いということであり、ありきたりであろう。先の金を使わず隠しもっていることの愚かさの指摘も、斬新で人を驚かせるような思想を含んでいるとは思えない。さらに最大の断片は結婚の与える苦悩について語っているが、妻が役立たずだったとしたら離婚も難しく不幸は大きい、しかし、妻が心にかなった人だったとしたら自分のほかに身を案じなければならない人が増えて大変だ、さらに子どもが生まれたらそのうえに大変さがます、という議論にありきたり以上の思索の跡を見出せない。この本の主題はこうしたさまざまな人生の苦悩のなかでどう心を保つかということだったようで、ともかくも「心の一体性」を保ち「節度」（ソフロシュネ）をもつべきことの重要性と、それをいかに涵養《かんよう》するかを、人に説き聞かせるかたちで語ったものと思われる。おそらく、心のあり様を「一体性」という概念でとらえようとしたことに新しさがあり、人々に驚嘆を与える源があった。

以上の二書をつうじてわかることは、彼がさまざまなことを探究し知識を蓄えていたこと、しかし思想的には格別の目新しさが見当たらないこと、さまざまな語り口をもっていたことである。そして二書に共通してあらわれる関心は、人々の常識に挑戦して驚嘆を与えようとしていることである。これらより浮かぶ人物像は、人々を驚かせながら、自らのえた幅広い思想・知識を示そうとする解説者的人物である。こうした人物は、知的欲求の高まりつつあった時代にまさに合致した人物であり、時代の求める「知者」であったといえよう。アンティフォンは知のチチェローネとしての役割をはたしていた。

弁論家の誕生

独善的に真理を語るのではなく、エピソードを散りばめ、わかりやすく人々を説得しようとする姿勢が『一体性論』にあらわれていたが、これはアンティフォンがより広い層の人間に語りかけようとする思いをもっていたことを示そう。そしてそうした思いは、民衆が力をもちつつある民主政下において是非とも必要なものであった。前五世紀をつうじてアテナイ民主政は制度的洗練の度を加えつつ人々のなかに定着していったが、その根幹にあるのは平等な一票をもつ者による多数決で事を決しようという原則であった。民会であれ法廷であれ、さらには役人の間であれ事を決するのは多数決であり、したがって説得が必要であった。少人数である役人の間はともかく、多くの人間を説得するのは通常言葉であり、わかりやすく語る技術が力をもつこととなった。弁論術が受け入れられる素地はつくられていたのである。

アンティフォンは、意識的かそうでないかはわからないが、説得力をますために有用であると思われる経歴をかさねていたようである。彼は題名は伝わらないが、夢についての本を書いたとされ、そのなかには次のような話が載っていたとキケロが伝えている。

オリュンピアへ行かんとする走者が夢で四頭立ての馬車で運ばれるのをみた。翌朝解釈者のもとへ行くと、その解釈者はいった。「君が勝つ、それは馬の速さと力とを意味しているから」。その後アンティフォンのもとに行くと、彼はいった。「負かされる運命だ、君の前に四頭が走っていたのを見なかったのか」。（断片一八〇a）

おそらくこの本は、夢によって未来がわかることの原理を説いたものではなく、夢をどう解釈するかを説いたものであった。すなわち、ある事象をなにに結びつけるかが問題となるもので、原理的探究力より幅広い知識に依存する度合いが大きいものであったと思われる。ようするに、さまざまな知識をもちながら、思想的には格別のことがないという先の二書をめぐって指摘された特色を見事に具現化したような本であったと思われるが、こうした解釈を繰り返していたとすれば、それによって説得の実践的訓練が積まれることになったに違いない。さらに彼の伝記は、コリントス▲のアゴラで、「苦悩にある人々を言葉によって癒すことができる」との看板を出し、今日でいう心理カウンセラーのような仕事をしたと伝えている（関連史料一▲）。それがどれほど事実だったのかわからないが、ともあれ彼は人々の心理に詳しくなる機会をもったのであろう。人々の心の機微を知れば、人々を説きつける方法は深みをますに違いない。そ

▼コリントス　場所は一一頁の地図参照。このポリスはペロポネソス同盟側の有力同盟国である。

▼関連資料一　この史料番号は、高畠『アンティフォンとその時代』（東海大学出版会、二〇一一）による。

して同じ史料によれば、「この技術(=心理カウンセラー)は自分にとって小さすぎると考え、弁論術へと転じた」のであった。

コリントスでの仕事の話が事実であるとすれば、前四四六年の平和条約が揺らいでアテナイとコリントスとの仲が決定的に悪くなったのは前四三三年のシュボタ沖の戦い▲によってであったから、おそらくその間のことであろう。残されている弁論関係の仕事量からみて、アテナイへもどり弁論術にたずさわるようになったのは、前四四〇年前後から前四三〇年代はじめにかけてのことであったろう。彼は弁論家として他人の弁論を代作し、法廷で勝利するよう助言を与えてやると同時に、弁論を教えることもしたらしい。アテナイにおいて彼の前にそうした人物は知られない。しかし、彼がなんの競争もなしにすんなりと「弁論家」になったとは考えられない。議論を強めるための不断の努力、法廷に必要なさまざまな知識の獲得といったことが、先の二書をもたらした熱情とともになされたからこそ、ライバルを追い落とすことができたのに違いない。そうした彼とともに弁論家が誕生したのである。

▼シュボタ沖の戦い　ケルキュラと結ぶアテナイが、ケルキュラを攻撃するコリントス軍と戦うこととなった海戦。これは「三十年平和条約」違反であり、ペロポネソス戦争開戦への大きな契機となった。

弁論家アンティフォン

弁論家アンティフォンには六十の弁論が帰されているが、そのうちの二十五は偽物であると史料は伝えている（関連史料一）。今日残っているのは、ほぼ完全なかたちで残る六作品と、二十弁論からとられた六十七断片である。そのほかに弁論術関係の著作もなしたとされ、『序文と結び』『弁論術』の断片が残っている。ほぼ完全なかたちを伝えている六作品はいずれも殺人事件に関わるものであるが、そのうち第二番から第四番にいたる三作品は『四部作集』といわれ、実際の殺人法廷▲でのやり方そのままに原告・被告の弁論が交互に二つずつ残っている。弁論の代作は原告か被告かのどちらかのものにかぎるはずであるから、これは実際の法廷で語られたものではなく教育に関わってつくられた架空弁論であろう。

『四部作集』の最初の事件の設定は以下のようである。「ある者が、深夜人のいないところで、奴隷である召使いとともに襲われた。発見されたとき、主人の方はすでに死んでいたが、召使いは瀕死の重傷を負いつつもまだ意識があった。彼は襲撃者のなかに被告の姿を確認したと語ったあと、事切れた。そこで、

▼殺人法廷　殺人法廷では、まず原告が被告に対する告発弁論をおこない、それに対して被告が弁明弁論をおこなう。それを受け原告がさらに告発の弁論をおこない、それに対して被告が最後の弁明弁論をおこなう。

被害者の親族が被告を意図的計画的な有意殺人であるとして訴えた。」ここで展開されるのは「ありそうなこと」をめぐる議論である。原告側は、裁判で被害者にひどい目にあわされていた被告こそが犯人であるのが「ありそうなこと」だと論ずるが、被告側は、被害者が殺された場合にもっとも疑惑をかけられそうな被告が実際に殺すのは「ありそうなこと」ではないと論ずる。さらに原告側は、瀕死の重傷を負っている人間を発見したなら状況を調べようとするのが普通で、そのさい物取りの犯行としなかったのであるから計画的犯罪であるのが「ありそうなこと」だと論じ、被告側は、瀕死の重傷を負っている人間をみたらそこから逃げだそうとするのが普通で、詳しい状況など調べられないのだから計画的犯罪ではないのが「ありそうなこと」であると論ずる。かくて「ありそうなこと」を論じても正反対の結論に導けることが明らかになるのである。

『四部作集』の二番目と三番目は、「正当であれ不当であれ殺してはならない」という法を前提として議論が展開される。アテナイには正当防衛などいくらか合法的殺人があったことが確かであるから、こうした現実に抵触する法を前提とするにはなんらかの理由があったに違いない。作成することを検討している法が実際に存在した場合をシミュレートしたと考えるのがよさそうで、アンティフォンのもとではさまざまな場合を想定して弁論の作成を練習していたということが示唆される。

現実に関わる弁論のなかでは第五番がもっとも長く、また凝った文体を駆使して傑作と評せられている。これは殺人の嫌疑をかけられたミュティレネ人の若者の弁明弁論である。被告である若者は父のいるトラキアへ行こうと船に乗っていたのであるが、同じ船にヘロデスというアテナイ人が乗り合わせていた。船は折悪しく嵐に遭い、近くの港に避難した。船には甲板がなかったため別のミュティレネ行きの船に乗り移って酒を飲みはじめたのであるが、翌朝になるとヘロデスの姿はみえず、結局行方不明になってしまった。ヘロデスの親族はミュティレネに帰った船を捜索し、被告が殺した旨の書き付けと拷問尋問▲による奴隷の証言をえたとして被告をアテナイで告発した。被告はアテナイに召喚され、アテナイに着くと身柄拘束を受け裁判にいたった。以上がこの裁判にいたるまでの事情である。これに対しアンティフォンは二つの点から反論を試み

▼**拷問尋問**　奴隷の証言は拷問尋問によって真実なものとされた。これに対し、自由人は拷問を受けることはなかった。

る。一つは法的手続きが不当であるという手続き論、今一つは殺人を犯していないという事実論である。前者からは法的知識の蓄積を推測しうるが、おそらく弁論家となるためには文書館での調査など地道な努力が必要であったろうことを窺わせる。後者からは事に応じて自在に論を左右できる才覚の必要性を看取できよう。たとえば、相手方主張の根拠となっている拷問尋問について、結局拷問尋問をする者を「喜ばせることをなんでも話してしまう」と主張してその真実性を否定するが、彼の別の弁論では「拷問尋問は嘘を話そうと用意している者にさえ真実を話させる」(Ⅰ10)と主張している。ようするに状況に応じて正反対の主張をつくることができるのであり、自在にこうした主張を織りまぜることによって説得性をますことが必要であった。このように語る者にとって真実とは、絶対的に存在するなにものかではなく、自らつくり出すことのできるなにかにみえてくるだろう。

しかし、自らの主張を華麗な言葉遣いによって語り抜くことは、人々に大きな反響を巻き起こし、それに倣おうとする若者が増えたらしいことがいくつかの史料からうかがえる。たとえばアリストファネスの『雲』において「優等な議論」は「劣等な議論」が屁理屈をいうのを聞いて、「これこそが、若者たちが日がなおしゃべりをして風呂を満員にし、体育練習場を無人にする元凶だ」（一〇五三－五四行）と慨嘆する。今の教育は身体を鍛えることをなおざりにして、話すことばかりやっているというのがいいたいことである。さらにペリクレスのあとに政界を牛耳るようになったクレオン▲は、ミュティレネ論争▲のさい、民会で次のように主張している。

諸君は弁論の観客となり、事実の聴衆となる性向がある。将来の事実はたくみな弁論家の弁論をとおしてはじめてそれが起こりうると考え、現実に起こったことは、目で見るより耳で聞き、弁論でうまく解説されてはじめて信じられるとするのである。弁論の新奇さにだまされる点ではご立派な存在だ、だが、世に受け入れられていることについては従おうとしない、いつでも奇矯《ききょう》な説の奴隷で、世の慣習の蔑視者なのだ。各人がうまく弁論できることを望みながら、それができぬと、そうした論者と争って判断において後れをとったように思われぬようにする。なにか鋭いことがいわれると先んじて賞讃し、いわれることについていち早く察知しようと熱心で

▼**クレオン**（？～前四二二）　もっとも著名な「民衆扇動家（デマゴゴス）」。強硬な主戦派でスパルタからの和平提案を退け、デロス同盟の貢租額を大幅に引き上げた。前四二二年、アンフィポリスの戦いで戦死。

▼**ミュティレネ論争**　ミュティレネは前四二八年に離反し、翌年に鎮圧された。アテナイは同ポリスに対し、最初クレオン提案の苛酷な処置を決議したが、懐疑の念が起こり翌日あらためて民会を開いて処置を話し合った。ここでの論争をミュティレネ論争という。クレオンは前日どおりの強硬策を主張したが、穏健な策の方が勝利し、クレオンの策は取り消された。

あるが、そこから生じるであろうことについては少しもわかろうとしない。諸君はいわばわれらが生きている世界とは遊離したなにかを追い求めているのだ。現実については十分な思慮をめぐらしていないのだ。ようするに、諸君は聞く楽しみに屈しているのだ。諸君をたとえればソフィストを取り巻く観客であって、ポリスについて評議する者とはほど遠いのだ。（Thuc. III 38）

弁論に熱狂する民衆の存在を示すと同時に、弁論に対する批判があったことも示すであろう。少なくともミュティレネ論争の頃や『雲』の頃（前四二三年）までに弁論の台頭があり、批判があったことが確かである。そうであるとすれば、アンティフォンがアテナイで弁論家として活動を始めて約十年、彼の活動は一世を風靡《ふうび》するとともに大きな批判も巻き起こしたといえるだろう。

弁論への批判

先に述べたように、弁論家にとって「真実」がいかようにでもつくり出すことができるものであったすれば、その追求はあまり意味のあるものにはみえてこないだろう。それはたとえば真実を追究しようとしていた、のちに哲学者と呼ばれることとなるソクラテスのような人たちの批判をまねくこととなる。しかし、それだけではない。今クレオンの場合にみたように、政治を実際に動かしている者たちからも批判はあがっていたのである。これはやや奇妙なことにみえる。民主政の根幹にあった説得を生み出す弁論は、多かれ少なかれ政治家の駆使するものであって、批判するものではないようにみえるからである。実際エウリピデスの『ヒケティデス』のなかで、僭主政のもとからやってきたテバイの使者はアテナイの代表テセウス王に次のように語って自国を誇る。「弁論によって人々を思い上がらせ、自分の利益のために時に応じてあちらこちらへ国を向けようとするような人は私の国におりません」(Eur. *Supp*. 412-3)。すなわち、為政者が弁論を弄して民衆をその時々の自分の利益の方に誘導している、というのが民主政に対する批判だった。

民主政に対するこうした見方が先と同様前四二〇年代半ば過ぎにはあらわれていたのであるが、クレオンはその民主政を現在率いている代表的人物であり、「当時においてもっとも説得力をもつ」(Thuc. III 36. 6; IV 21. 3) 人物だったのである。その彼でさえ、弁論家を恐れ、批判しているというのはどういうことなのだろうか。おそらく彼は「秩序正しく弁論をおこなう人のなかではじめて演壇から叫び、罵り、服をたくしあげて演説した」([Arist.] *Ath.Pol.* 28. 3)との評言があるように、純粋な弁論だけでなく、そのパフォーマンスによって説得力を高めていた政治家だったから、言葉をよりたくみにあやつる真の意味での弁論家ではないという自覚があったのだろう。彼が批判していたのは、彼の考える真の意味の弁論家であった。その背景にアンティフォンと彼を取り巻く者たちのつくり上げた「弁論家」というイメージがあったことは確かであろう。

アンティフォンと同時代のトゥキュディデスは、アンティフォンが「民会へ発言のために赴いたことも、その他の競争の場へも自ら進んで出ることもなかった。切れ者という評判のために人々に疑惑の目で見られていた」といっている(Thuc. VIII 68. 1)。「切れ者」にいかがわしさと恐ろしさを感ずる民衆心理があったとしても、それを利用し彼をそうした状態に追い込んだのは、切れ者にやり込められることを真に恐れる政治家であったろう。

政治家は、政策選択の過程がいかなるものであれ、自らの政策を弁論による説得をとおして実現をはかるのであるが、自らの弁論がつうじないとき、相手の弁論家をおとしめる言説を流すか、弁論によらない味方づくりをめざして党派活動に走るか、暴力によって相手を黙らせるか、いずれかの道をとることになる。前四二〇年代のクレオンは最初の段階にとどまったが、アルキビアデスの登場とともに前四一〇年代には第二、第三の道がとられるようになった。弁論家はますます政治の世界から遠ざけられるようになり、法廷での弁論代作に力を傾けるようになる。おそらくこれが、ペロポネソス戦争期のアテナイで弁論家と政治家との間に起こったことであったろう。

この争いはその後も続き、政治の側からの攻撃が頂点に達したのは、アンティフォン死後、ペロポネソス戦争後にできた三十人僭主▲の独裁体制のもとでであった。この政権は「弁論の技術を教えること」を禁じたのである（Xen. *Mem.* I 2. 31）。クセノフォン▲はこの法の目的はソクラテスを押さえることであったと語るが、その背後にアンティフォンによって形成された弁論家の像があったのは間違いない。そしてその像は、その後も長く残ることとなる。前四世紀はじめのリュシアスの弁論のなかに、アテナイ人に不正を犯させないためには弁

▼三十人僭主　前四〇四年にペロポネソス戦争に敗れたアテナイにスパルタを後ろ楯としてできた政権。指導者のなかでクリティアスとテラメネスが対立し、前者が後者を処刑して以後恐怖政治化した。民主派との戦闘のなかでクリティアスは殺され、最終的に両者は和解した。

▼クセノフォン（前四三〇頃～前三五四頃）　富裕な家に生まれ、ソクラテスの弟子となる。前四〇一年に友人に誘われて小アジアにわたるが、そのさいソクラテスに相談し、デルフォイ（八三頁用語解説参照）の神託をうかがえと忠告された。彼はどの神に頼めば無事帰国できるかを問い、ソクラテスの反対を押し切って小アジアに出かけ、そこで苦労した末に脱出に成功し、その後スパルタに頼ることとなった。その庇護下で多くの著述をなしたが、スパルタの敗戦にともないコリントスに移り、おそらくそこで死去した。

論の能力のある者を罰するべきだとの主張があらわれるが、その理由は、弁論の能力のある者は「安全に諸君らの財産を盗むことができる。なぜなら、みつからなければなんの恐れもなくそれを使用することができるし、知られたなら盗んだ金の一部で危険を買収してしまうか、争いの場に持ち込んで自らの能力でわが身を救えるからだ」(Lys. XXVII 6)というのである。しかし、前四世紀になると弁論家と政治家との区別は次第になくなり、両者はほぼ等しいものとなって、争いはむしろ弁論家と哲学者との間で激化していくのであるが、その変化は当面の話題ではない。

政治家アンティフォン

前四三一年に始まったペロポネソス戦争は十年の戦いをへてニキアスの和約▲が成立し、一応の休戦がなった。しかし、戦いは完全に終わったわけではなく、同盟国の領域外では戦いは継続し、何かが起これぱいつ再開してもおかしくない状況が続いた。そうしたなかアルキビアデスの説得によってアテナイはシケリア遠征▲に乗り出すこととなった。前四一五年夏半ばに出発したシケリア遠征

▼ニキアスの和約　前四二一年、主戦派のクレオン戦死後に和平派のニキアス(前四七〇頃~前四一三)によってアテナイとスパルタとの間に結ばれた和平条約。ニキアスは、富裕市民で何度も将軍に選ばれるが、彼の主張する穏健な政策はなかなか容れられず、シケリア遠征も反対していたにもかかわらず遠征軍将軍に選ばれ、優柔不断さが禍して敗北し、殺された。

▼シケリア遠征　前四一五年、和平中のアテナイでアルキビアデスの主張によって遠征が決定される。結局ニキアス一人の指揮下にシケリアを転戦し、前四一三年、最終的にアテナイ軍は全滅して終わる。

軍は二年の苦難のときをへて壊滅した。その報がギリシア世界に広まると、アテナイに従属していたポリスでは離反の動きが活発化した。とくに小アジアでその動きは強まり、ペルシアも介入の動きを示しはじめた。アテナイは最後までとっておいた千タラントン▲の支出を決め、艦隊を派遣するなど手をつくし、サモス島を派遣軍の基地とするようになった。

シケリア遠征軍の指揮官の一人であったアルキビアデスは遠征直前に起こったヘルメス像破壊事件と秘儀模倣事件▲への関与を疑われ、遠征出発直後にアテナイ帰国を命じられ、そのままスパルタに亡命していたが、このころスパルタを逃れペルシアのサトラップ▲であるティッサフェルネス▲のもとに身を寄せた。そしてアテナイ帰国の道を探りはじめる。彼はサモスの駐留アテナイ軍に「私を追放した劣悪な民主政ではなく寡頭政のもとでなら、ティッサフェルネスを友人として（つまり、金を援助してくれる友人として）私はもどる」と伝言を送った。すべてはここから始まった。サモスに駐留していた有力者達は寡頭政へ向けて走りはじめる。ペイサンドロス▲をアテナイに派遣して民会に寡頭政移行を認めさせると、その報をもってティッサフェルネスとアルキビアデスのもとを

▼タラントン　ギリシアの貨幣の単位。一タラントンは六千ドラクマに当たる。史料が限定されるため難しいが、前五世紀はじめには一タラントンで三段櫂船一隻を用意できた。しかし、同世紀半ばにはもっと安くなっていたらしい。

▼ヘルメス像破壊事件と秘儀模倣事件　前四一五年、シケリア遠征準備中のある日、アテナイ市内のほぼすべてのヘルメス像が破壊される事件が起こった。この不気味な事件にただちに調査が開始され情報提供が奨励されたが、同様の不敬な行いとしてエレウシスの秘儀を個人宅で模倣して遊んでいた者たちがいたとの情報が寄せられ、騒ぎはさらに大きくなった。調査は続行され、双方にアルキビアデスの関与が疑われた。アンドキデスの第一番弁論が最良の史料となる。

▼サトラップ　アケメネス朝ペルシアは帝国全土を二〇強の行政区（サトラピー）に分け、それぞれに総督（サトラップ）を派遣して統治させた。大きな権限をもつが、あくまでも王の役人であるから、王の方に目がいくのを避けがたい。

訪ね話を具体化しようとした。一方アテナイでは、ペイサンドロスの要請のもと、さまざまな準備工作がおこなわれ、反対する者はいつの間にか殺されるといった事態が進行した。しかしながら、その間におこなわれていたティッサフェルネスとの交渉は結局成功しなかった。このためアルキビアデスは帰国を断念したが、奇妙なことに彼の帰国がなくなりペルシアから援助がえられる見通しがなくなったあとも寡頭政への動きはとまらなかった。そしてアンティフォンはいつのまにかその中心的人物となっていたのである。

『アルキビアデス罵倒』なる文書を書き、アルキビアデスを嫌っていたことの明らかなアンティフォンが四百人寡頭政樹立の首謀者になる過程について、いくらかの仮説を含みながらありそうなことを推測することは可能であるが、それは煩雑にすぎよう。いずれにせよ、彼の発案であろう用意周到な手続きをへて寡頭政は樹立され、アンティフォンともう一人の中心人物フリュニコス▲はスパルタとの休戦をめざして動きはじめる。しかし、二人のスパルタ訪問によっても成果はえられずスパルタからもどったフリュニコスは暗殺されてしまう。四百人寡頭政への疑惑は次第に募り、エウボイア島▲諸市の離反が確実になると

▼ティッサフェルネス　前四一三年頃、サルディスのサトラップとなり、小アジア西部を統治下におく。大王に促され、ギリシア諸都市から貢納金をとろうと、スパルタに近づきペロポネソス戦争に関与したが、金の支払いを滞らせるなど彼の関与は一貫しなかった。

▼ペイサンドロス　前四一五年にヘルメス像破壊事件の調査官の一人となっている。当時は民主政の擁護者とみられたが、前四一一年には四百人寡頭政樹立に大きな役割をはたすこととなった。

▼フリュニコス　前四一二年の将軍。キオス離反を聞いてサモスにわたり、ミレトスを攻略するがペロポネソス側の動きをみてすぐに引き返す。トゥキュディデスはこの判断を高く評価している。前四一一年には四百人寡頭政に協力し、スパルタとの講和を模索するが暗殺される。

▼エウボイア島　ここはアテナイの食料庫として「アッティカよりも多くを負っている」(Thuc. VIII 96.2)ところだった。

人心は完全に離れ、民会によって四百人の解散が決議された。

　仲間の多くがスパルタに亡命するなか、アンティフォンはアテナイに残り裁判にかけられた。この裁判で語られた弁明弁論のわずかの断片が残っているが、自らに寡頭政をめざす個人的動機はなかったことを語り、アテナイ救出という第一の大義を強調したものであったようにみえる。彼にアテナイを裏切ったという感覚はなかったのだろう。この弁論はトゥキュディデスによって「今日にいたるまでこうした弁論のなかでもっとも優れたものであると思われる」と評価されているが、民衆を説得するにいたらなかった。彼の弁論に熱狂したこともあった民衆は、もはやその弁論に熱狂することはなかった。それは彼の技術の失敗というより、彼の政治の失敗というべきであろう。民衆にしてみれば、政体を変えられたうえ、アテナイになんの益ももたらさず、逆にスパルタの侵攻を現実のものとして心配しなければならないという状況に、弁論に熱狂する余裕もなかっただろう。アンティフォンはもはや民衆ではなく、一人の優れた人間に期待するほかなかった。悲劇作家アガトン▲の称賛が彼を満足させたあと、彼は死刑に処せられた。

▼**アガトン**　プラトン『プロタゴラス』では若く美しい少年とされているが、『饗宴』は前四一六年に彼が悲劇作品で優勝したさいの祝宴が舞台となっている。ソクラテスとは前から知り合いで、その祝宴にまねいている。アンティフォンとはどういう関係にあったかはわからないが、ともかく彼の最後の弁明を聞き、称賛したらしい（関連史料二〇）。

⑤―ソクラテス

ソクラテス的生活

ソクラテスは前三九九年に裁判を受け処刑された。そのさいの弁明弁論としてプラトンがのちに著述した『ソクラテスの弁明』▲（以下『弁明』）のなかで、自分は七十歳になっているといっているから、前四七〇年頃の生まれということになる。アンティフォンより十歳ほど年少である。アンティフォンはおそらく外国に赴き多くの知識を吸収したが、ソクラテスは三度の軍事遠征のほかは一度コリントスに行ったきり外国に出たことがなかった。しかし、彼の吸収した知識がアンティフォンに劣るとはみえない。二人をへだてる十年の間に本の普▲及が進んだことと、アテナイの国力増強によって多くの知識人がアテナイに来ることになったことが、アテナイにいたままの知識獲得を可能にしたと考えられる。プラトンとクセノフォンの著作からソクラテスに関わる人物計約一六〇人を取り出すことができるが、そのなかから彼の師になる可能性のある者をややゆるやかな基準で選べば、一六人を選ぶことができる。出身地がはっきりし

ソクラテス　左図はロンドン、大英博物館所蔵のソクラテス像。

▼『ソクラテスの弁明』　ソクラテスによる自身の裁判での弁明。同名の書はクセノフォンも書いているが、アテナイにいなかったことが確実な彼よりも、直接裁判を傍聴したに違いないプラトンの方が実際に近くを描いただろうと考えられている。

▼本の普及　本の普及が始まったのは前五世紀の半ば頃のこととされる。パピュルスの巻子本のかたちで普及した。ソクラテスが本から知識をえていたことを示唆する言及がプラトンの対話篇のなかにはいくつかあらわれる。

ない者もいるから正確な数字は出せないが、そのうち一二人から一三人が外国人である。彼がそうした者たちから影響を受けることができたのは、まさに彼がアテナイ人であったためである。

父親ソフロニスコスは石工、母親ファイナレテは産婆であった。そのことからただちに出身階層を推測するわけにはいかないが、父ソフロニスコスに有力者とのつきあいがあったこと、彼自身が重装歩兵として従軍していることから貧しい階層であったとは思われない。しかし、母親が働いていることは裕福な層であったことを示さないし、『弁明』ではとても貧乏であると主張し、有罪判決を受けたあとの量刑の提案では百ドラクマ▲という安い額が自分の支払える罰金だとしている。おそらくソフロニスコスはアテナイの勢力拡大期に自らの才覚で経済的上昇をはたした人物で、ソクラテスはその財によって生活しながら、その財の維持拡大には意をはらわなかった人物とするのが妥当であろう。アンティフォンが彼の貧しい生活をあざけり、弟子から金をとらないことを非難したことをクセノフォンの『メモラビリア』▲が伝えている。ソクラテスの答えは、私のような粗末な生活は金を必要とせず多くを求める必要はない、贅沢

▼**ドラクマ**　ギリシアの貨幣単位。貨幣の換算は難しいが、試みに一ドラクマを現在の一千円くらいと考えておけばよいであろう。

▼**『メモラビリア』**　「(ソクラテスの)思い出」の意で、クセノフォンが師ソクラテスのさまざまな言動を記したもの。プラトンの対話篇とは異なるソクラテスがあらわれている。

が幸福なのではない、さらに「金を受け取った者は、金を賃金として受け取った仕事をすることを強制されるが、金を受け取っていない私は、自分の望まぬ相手と話をすることを強制されない」し、また自分が立派になる手助けをした人間と友人となれば大きな利得をえることになるではないか、というものであった(I 6. 1-14)。同じく『メモラビリア』がソクラテスの生活ぶりを伝えている。「いつも戸外におり、早朝は遊歩場や体育練習場へ行き、アゴラに人が満ちるとき(午前)はそこにあらわれ、それ以降の一日は多くの者に会えるところにいつもいた。そして大抵議論をしていて、望む者は誰でもそれを聞けた」(I 1. 10)というのである。

家業をかえりみず、金をえようともせず、つねに人前で議論している姿は多くの者に強い印象を与えただろう。アリストファネスの『雲』はソクラテスを諷刺した喜劇であるが、空中からあらわれるソクラテスは浮き世離れしていて天体や自然現象に蘊蓄《うんちく》を傾ける。このソクラテスは主人公の頼みに応じて主人公の息子に弱論を強論にする方法を教えるのであるが、その教育を受けてあらわれた息子は親である主人公を殴っても、いいのがれる術を身につけている。

『弁明』においてソクラテスは、こうしたなんら本当のことでない話を流布して自分を長くおとしめてきた告訴人が、現在の告訴人のほかに存在するのだといっている。しかし、『雲』のソクラテス像は一般民衆の感じていたソクラテスのイメージをなんらかのかたちで反映していよう。おそらく人々は「ソフィスト」というものに、自分たちの世界とはかけ離れた奇妙さ、いかがわしさや恐ろしさを感じていた。しかもソクラテスには常人には考えおよばぬような振る舞いが実際にあった。冬の寒いなかを裸足で歩いても平気だったし、遠征地にいたある夏には朝早くから立ちつくしなにかを考えていたが、昼になっても夜になってもそのまま立ちつくし、夜が明けて太陽が出るとようやく太陽に祈りを捧げて去って行ったという(Pl. *Smp.* 220a-d)。アリストファネスはそうしたイメージをうまくすくいあげてソクラテス像をつくり上げたから、ソクラテスをよく知らない人々にもわかりやすい像として長く残ることとなったのである。そして、こうした思いはアンティフォンに対しても幾分なりと感じられていたのであろう。先述のように、彼は「人々に疑惑の目で見られていた」のであるが、その遠因をこうした人々の感情に求めることができよう。

さて、では『メモラビリア』に描かれるようなソクラテスの生活が始まったのはいつ頃のことだろうか。いくつかのことを考え合わせると、前四三〇年代のはじめとするのが一番よいようである。ようするに、アンティフォンに少し遅れてこうした生活を始めたと考えられる。とすれば、彼は自らの存在をアピールするために先行する「ソフィスト」とりわけアンティフォンと戦うことが必要だった。またアンティフォンの方も、台頭してくるライバルを追い落とそうと努めることとなっただろう。先のアンティフォンとソクラテスの問答も、ソクラテスの弟子をとろうと下心をいだいたアンティフォンがソクラテスのもとに赴き、その弟子の前で交わした会話であったとされている。『弁明』では、弟子のカイレフォン▲がデルフォイ▲で「ソクラテス以上の知者はいない」という神託をえたため、それを調べようと知者とされる人物を訪ねて問答することになったのだと語られる。しかし、たとえそうした神託がなかったとしても、この時代のアテナイにおいて知者として生きようとすれば、それは避けがたいことだった。人々に認められなければ知者ではなく、他より優れていることを証明しなければ人々に認められないのであるから。

▼カイレフォン　プラトンの対話篇の多くの箇所にあらわれ、ソクラテスを慕っていた弟子であることがわかる。アリストファネスの『雲』では青白く、裸足の連中の一人といわれている。

▼デルフォイ　フォキス地方のパルナッソス山南麓にあった聖地。アポロン信仰の中心地で、神託で有名。

真のソクラテス

ソクラテス自身はなんの著作も残していない。彼の思想を伝えるのは、先のアリストファネスの喜劇があまりにも彼をデフォルメしていて使えないとすれば、プラトンとクセノフォンの著作である。二人ともソクラテスを師とあおぎ、師の記録を残すよう努めたのである。しかし、二人の伝えるソクラテス像は若干異なっている。たとえば、クセノフォンのソクラテスは「人間にとって最大の善である教育に関して私は人によって最高のものと評価されている」(Xen. *Ap.* 21)といって教育者としての自覚をもっているが、プラトンのソクラテスは「私はいまだかつて誰かの教師になったことはない」(Pl. *Ap.* 33a)といい、「私が人を教育しようと試み金をえようとしていると誰かから聞いたとしても、それは真実ではない」(Pl. *Ap.* 19e)といって、教師としての役割を否定している。実際、クセノフォンのソクラテスは自信をもって人々を教え導こうとしているようにみえるのに対し、プラトンのソクラテスは自ら探求者として原理的問題に取り組む姿勢が顕著である。前者のソクラテスは自制心の重要性を正面切って教え諭すこともあれば(Xen. *Mem.* I 5)、親戚縁者の女性が頼ってきたため生活に困窮している友人に女性たちを働かせることを助言したり(Xen. *Mem.* II 7)、父ペリクレスの涙の嘆願の末に市民権を認められた小ペリクレス▼が将軍になったさいには、小アジアの山岳民族の名をあげてとりえる戦略を具体的に提言するなど(Xen. *Mem.* III 5. 25–27)、現実問題への介入を辞さないが、後者のソクラテスにはそうしたところはない。しかし、「敬虔《けいけん》」とはなにかという原理的問題になると、クセノフォンのソクラテスは何度かの問答のあと「神々に関わる定めを知っている者」という答えをあっさり引き出すが(Xen. *Mem.* IV 6. 2–4)、プラトンのソクラテスは問答を繰り返し、結局対話相手をアポリア(手詰まり)に追い込んで、最終的定義にはいたらない(Pl. *Euthphr.*)。ようするに、プラトンのソクラテスに特徴的なことは、物事の本質を究めようとする強い知的探究心であり、彼にとっては真実がなによりも大切なこととなる。後世に大きな影響を与えたのは、プラトンのソクラテスであるが、実際のソクラテスがどのような人物であったのかはただちにはわからない。

　しかし、二人のソクラテスに共通するのは、質素な生活をしながら多くの者と対話を繰り返していたことで、おそらくその対話にはこれまでの常識を常識

▼小ペリクレス(前四四五頃〜前四〇六)　大政治家ペリクレスとミレトス出身のアスパシアとの間の息子。前四〇六年、将軍となり他の将軍とともにアルギヌーサイの海戦に勝利したが、海に落ちた同胞を助けなかったとして他の将軍とともに一括裁判を受け、処刑された。

▼『**エウテュフロン**』　訴えられたソクラテスが担当官庁を訪れたあと、やはり訴訟をもってきたエウテュフロンに会って交わす対話のかたちをとっている。

でなくする衝撃的な内容が含まれていたのだろう。知者とされていた人が彼との対話によって知者でなかったことが明らかにされるということがよく起こったに違いない。『弁明』によれば、カイレフォンのもたらした神託を受けて知者とされている者を訪ねて自分より知者がいることを証明しようとしたが、その者と話しているうちに「この人はほかの者たちからは知者だと思われ自分でもそう思っているが、私にはけっしてそうではないと思われた」のである。このため、そのことを示そうとしたのだが、それによって当人にもその周りの者にも憎まれることとなったのだとしている。そうした対話の例はプラトンの著作のなかに多くあらわれる。ここでは対話の運びとしてよくわかりそうな『エウテュフロン』▲の例をあげよう。そこでは「敬虔」をめぐって対話がなされる。「敬虔」とは何かと問われたエウテュフロンは、殺人を犯した雇人を捕縛したまま放置して殺した父親を訴えることだ、と自分がこれからなそうとすることを答える。ソクラテスは、いやそうした具体的なことではなくて一般的なことを答えてくれと要求する。「神々に愛でられるものが敬虔である」と答えるエウテュフロンに、しかし正義に関する神々の意見がおたがいに異なることがあるだろう（古代ギリシアは多神教の世界である）、それゆえ「すべての神々に愛されるもの」とすべきではないかとソクラテスは主張する。エウテュフロンが肯定すると、それは神々が愛するから「敬虔」なのか、それとも「敬虔」だから神々が愛するのか、と問う。後者の方だとソクラテスは議論を導き、それならまだ「敬虔」ということの本質はなんら答えてくれていないではないか、とエウテュフロンをアポリアに追い込むのである。議論はさらに複雑さをますが、プロタゴラスであれゴルギアスであれ「知者」とされる人物との議論も同様な経緯をたどり、知者たちをじつはなにも知らないという状態に追い込むことになる。そして『弁明』はいう、「一人になって私は考えた、この人より私の方が知者だ。どちらも善美のことを知らないが、この人は知らないのに知っていると思っているが、私は現に知らないままに、知らないと思っているのだから。」

無知の知を自覚するソクラテスは、真実を知ろうと人々と対話を繰り返すことになる。そして人の説をさまざまに吟味するのであるが、彼はそれを母親の職になぞらえて「産婆術」と呼んでいた。自分自身は知恵を生み出さないが、

▼**ゴルギアス**（前四八五頃〜前三八〇頃）　シケリアのレオンティノイ出身。弁論術の大家で、外交使節として前四二七年にアテナイを訪れ、その雄弁でアテナイ人を魅了したといわれる。

「若者の生み出したものが幻で偽物か、実のある本物かを手をつくして吟味できる」といい、そうすることで最初無知と思われた者も驚くほど進歩するが、それは私からなにかを学んでではなく「自分で自らのなかから多くの立派なことを発見し生み出してのことだ」といっていた(Pl. *Tht.* 150b–d)。おそらく、こうしたところにソクラテスの真骨頂はあった。彼は若者と対話を繰り返しながら、臨機応変、彼らの個性に合わせて彼らのなかにある善きもの(アレテー)を引き出すべく努めたのだろう。プラトンもクセノフォンもそうしたなかで育ち、それぞれにもつ師の印象は異なった。

　先に述べたソクラテスに関わる約一六〇人のなかから、彼の臨終の場面に立ち会ったあるいは立ち会ってもおかしくなかった親友を取り出すと二〇人▲がえられる。外国人が八人、市民身分が怪しい者、おそらく在留外国人《メトイコイ》▲身分とされるであろう者が二人であるが、彼らはソクラテスの薫陶を受けた者たちで、富裕な者のみならず貧しい者や、正規の市民とは一線を画する下層の者が含まれていることが特色である。さらに小ペリクレスも、三十人僭主の中心人物となったクリティアス▲も、時代の寵児であったアルキビアデスも、少なくとも一時

▼二〇人　このなかにはすでに死亡していた二人とその場にいなかったプラトンを含んでいる。これらを除いた者たちを「小ソクラテス派」と呼ぶことがある。彼らはソクラテスになんらかの影響を受けた者たちであるが、共通の学説があるわけではない。

▼在留外国人　「メトイコイ」と呼ばれる身分。市民より劣るが、自由人であるということでは奴隷にはまさる。解放された奴隷はこの身分に入る。金持ちから非常に貧しい者までいた。この時代は、在留がある期間をすぎると在留外国人税を取られて自動的にこの身分になるものと考えられる。

▼クリティアス（前四六〇頃～前四〇三）　プラトンとも縁続きになる名門に生まれ、アルキビアデスとともにソクラテスにつく。いくつかの悲劇と散文の断片が残り、ソフィストの一人とされる。

期ソクラテスと親しく交わった。のちにプラトンと対立することとなるイソクラテス▲もまた彼に大きな影響を受けたといわれている。

ソクラテスの闘い

前四三〇年代はじめにソクラテスが独自の生活を始めたとき、彼のライバルとなったのは、先述のように、先行の「ソフィスト」で弁論家として台頭しつつあったアンティフォンであった。しかし、アンティフォンのほうはソクラテスの実情を知れば、あまり彼に関心をもたなくなったのではなかろうか。ソクラテスの教えは実際の法廷弁論にも政治弁論にも役立たないようだからである。実際の弁論は、法廷であれ民会であれ、いつ聴衆の感情に火がつき怒声罵声が飛び交うことになるかわからないなかでおこなわれた。それを避けつつ、できるかぎり自らに聴衆の感情を引きつけることが大事だった。民衆の心理に精通したアンティフォンだからこそ教えられることはあったのであり、それが彼の強みだったろう。それに対しソクラテスはそうしたことになんの関心もはらわなかった。プラトンの対話篇には、「どうか長く語らないでくれ」というソク

▼**イソクラテス**（前四三六〜前三三八）　富裕な家に生まれ、ゴルギアスなどのほかソクラテスにも学んだとされる。弁論代作者として成功したのち、アテナイにもどって修辞学校を開き、多くの門弟を育てた。

ラテスの要請がしばしばあらわれる。一問一答を積みかさねることによって真実に到達できるのだという彼の信念がそこにあらわれているが、彼にとっては「真実」がなによりも重要だったのである。とすればソクラテスは恐れるに足りない、というのがアンティフォンの思いであったろう。クセノフォンの伝えるソクラテスとアンティフォンとの一連の問答には、自分の技術は十分金をとるに価するという自覚と余裕をもったアンティフォンの、貧しいソクラテスに対する同情的友愛があらわれていよう。

しかしながら、ソクラテス的意識に立ってみれば、弁論家は打倒しなければならない存在であった。彼が「真実」が確固として存在するといつから確信するようになったのかわからない。『テアイテトス』▲にあらわれる、プロタゴラスの著名な主張「あらゆるものの尺度は人間である。あるものについてはあるということの、あらぬものについてはあらぬということの」(Pl. *Tht.* 152a)に対する反駁《はんばく》がどの程度明示的にソクラテス自身にあらわれていたのかはわからないが、ともかく真実が各個人に依存しつつ存在するのではなく、個人を離れて厳として存在することを確信していた。そして、「偽物を黙認し、真実をみえな

▼**『テアイテトス』**　知識をめぐる対話。テアイテトス(前四一五頃〜前三六九)はのちに数学で重要な業績をあげるアテナイ人。この対話篇では「知識は感覚である」との説を出し、ソクラテスはそれはプロタゴラスの考えと同じだとして議論が始まる。

くするのは私には許されぬことだ」(Pl. *Tht.* 151d)として、真実に近づく手段として「産婆術」を駆使しようとしたのである。しかるに弁論家は真実にいたるのではなく、「自分の欲することを思いなさせて説得する」(Pl. *Tht.* 201a)道を教えようとしている。それは愚かな信念にもとづく人を誤り導く方法であり、糾弾されねばならない。かくて弁論家に対する批判があちこちにあらわれるようになる。そもそも法廷弁論は時間の余裕がなく、裁判員席に座る主人に向かって同僚の奴隷のことを語る弁論であって、魂に狭量をもたらし素直さをなくさせる(Pl. *Tht.* 172d–173b)。人々に思いなしを与えるとしても、弁論家自身が真偽の知識をもたなければその説得はラバを馬として称えるような的外れなものとなる、真実を知るための問答法こそ重要なのだ(Pl. *Phdr.* 259e–266e)。弁論家は政治活動と哲学活動の双方に適度に関わり、自分たちが一番の知者だと思っている。しかしそれぞれについては二番手にすぎず、結局は第三番目のものなのだ(Pl. *Euthd.* 305c–306d)。弁論術は技術などではなく、おべんちゃらにすぎない、本当はそうではないのに善いと思わせるだけだ(Pl. *Grg.* 463a–466a)。

　しかし、彼が批判したのは弁論家だけではなかった。政治家アニュトス▲との

▼アニュトス　ソクラテス告発者の一人。前四一〇年に将軍となりピュロス攻撃をめざすが失敗し、裁判にかけられたが、裁判官を買収して罪を逃れたとされている。前四〇四年の三十人僭主成立のさいは最初それに加担したが、すぐに亡命し反僭主の動きに加わった。そのため僭主政崩壊後は大きな影響力をもつようになった。

会話が『メノン』▲のなかに、カリクレスという人物を現実の政治家と考えるとすれば彼との会話が『ゴルギアス』▲のなかに、それぞれある。要は、人間を立派にするという観点からみれば、立派な政治家とされるテミストクレスやペリクレスといえど失敗しているというものである。アニュトスはこれによって自分を含む政治家が侮蔑されたと怒ってしまう。アニュトスは、前四〇三年に三十人僭主が倒れたあと大きな影響力をもった政治家で、『メノン』の設定年代前四〇二年は彼の絶頂期ともいえる。彼は三年後にソクラテスを告発した三人のうちの一人であり、その中心的人物とみなされる。これらの会話がどれほど史実にもとづくものかはわからないが、自らの信ずる原理から発する評価を語るのを彼が躊躇したとは思われない。また前四〇四年、ペロポネソス戦争敗戦後に続いて成立した三十人僭主は恐怖政治に陥り、自分たちに敵対する者のみならず財産没収の目的で富裕な市民や在留外国人《メトイコイ》の多くを殺戮したが、それに対して「牛の群を扱う牧夫になって牛の数を減らし質を低下させておいて、自分が悪い牛飼いであることに同意しないとすれば不思議だが、もっと不思議なのは、ポリスの監督者となりながら市民の数を減らし質を低下させて恥じもせ

▼**『メノン』**　テッサリアの若い貴族メノンとの対話が主となる。徳(アレテー)は教えられるかをめぐって交わされる。話の途中、メノンの家と昵懇の関係にあるアニュトスがあらわれ話に加わる。彼は立派な政治家が子どもを立派に教育できなかったことを指摘され、怒って立ち去ってしまう。

▼**『ゴルギアス』**　「弁論術について」というのが副題で、たしかに最初はゴルギアスついでその弟子との間に弁論術について対話がくりひろげられる。しかし半分以上を占める後半部ではカリクレスと政治、人生をめぐって対話がなされている。

ず、自分がポリスの悪い管理者だとも思わないことだ」といったとされる(Xen. *Mem.* I 2. 32)。

闘いの結末

前三九九年、ソクラテスは「ポリスの認める神々を認めず、別の新しい神格を導入する不正を犯している。また若者を堕落させる不正を犯している」として裁判にかけられ、原告被告双方の弁論ののち有罪の判決を受けた。ただちに双方の側からの量刑の提案に移り、提案のための弁論を受けての投票の結果、原告提案の死刑が支持された。しかし、裁判の前日デロス島への祭礼使節が送られており、それが帰還するまでの間はポリスによる殺人はおこなわれてはならなかったから、死刑はすぐには実行されず、ソクラテスは獄舎に三十日間とどめおかれたあと、毒によって処刑された。

原告は、アニュトス、メレトス、リュコンの三人で、先にも述べたように、アニュトスが中心的人物であった。彼が政治家と職人を代表し、弁論家をリュコンが、詩人をメレトスが代表しているといわれている(Pl. *Ap.* 23e)。長年

「知者」とされる人の欺瞞《ぎまん》をあばいてきた結果がこうしたかたちであらわれたというべきであろう。プラトンによれば、ソクラテスは『弁明』を語ったあとに収監され、死の前々日には逃亡を勧めるクリトンに対し逃亡しない理由を語り(『クリトン』▲)、死の当日には魂のあり方をめぐって弟子たちに自らの考えを語ったあと従容《しょうよう》として死をむかえた(『パイドン』▲)。これら三作品のなかに彼の闘いの総括があらわれている。

自分はあくまで真実を探求したのである。「美」同様存在の確かな「正義」という真実を追求したからこそ、正義にもとる事実を誰彼怖れず指摘したのであるし、自らは危険をかえりみず正義にかなう行動をとったのである。真実を追求し、他人の行動・考えが真実でなければそれを指摘することが神が自分に与えた使命であり、たとえ無罪放免になったとしてもそうした生き方を変えることはないだろう。こうした自分は、このポリスを受け入れ、このポリスによって育てられてきた。たとえポリスが不当にみえることを強いるとしても、国を裏切り、国の法をないがしろにするのは正義にもとる、という彼の総括は素直に彼の思いを伝えていよう。彼にとって知の闘いは、自らの命をかけるに価

▼**『クリトン』**　同年齢で小さい頃からの親友クリトンが牢獄を訪ね逃げてくれるようにいうのに対して語る対話。恩義ある国を裏切り逃亡することはできないとする。

▼**『パイドン』**　前三九九年からかなり年をへてファ(パ)イドンがソクラテス処刑の日を振り返って語るかたちになっている。魂は人が生まれる前からどこかに存在し、死後も存在することを語る。おそらくプラトン自身の考えがある程度反映していよう。

●**ジャック＝ルイ・ダヴィド「ソクラテスの死」**（ニューヨーク、メトロポリタン美術館蔵）

●**リュケイオン跡**　ソクラテス後の哲学者、アリストテレスが開いたリュケイオンは現在公園として整備され、一般に公開されている。

する、生き方そのものにまでなっていた。

神は、馬にまとわりつくアブのようなものとして自分をポリスにつけ加えた、ポリスの人々を覚醒させるのが自分の役目である、と彼は考えていた。真実を求めて人に食らいつく自分の行動はポリスのためであるという強い自覚が彼にはあった。その自覚が、「こうした人間はそう容易に諸君らのもとにあらわれないだろう、諸君は私を大事にすべきだ」(Pl. *Ap.* 31a)という主張を生んだのであるが、裁判官のある者にとってそれは傲慢に聞こえ、裁判を不利にしたであろう。しかし、彼の予言はあたっていた。ポリスのためとの強い信念とともに真理を探究しようとする者はもはやあらわれなかった。彼の死後約四十年してアテナイに住みついたディオゲネス▲は、独自の説を語るとともに、酒樽に住み、奇妙な生活ぶりでアテナイの人々を驚かせ、ソクラテスを髣髴《ほうふつ》とさせたであろうが、「世界市民」とうそぶいた彼にポリスへの思いは期待できようもなかった。

▼**ディオゲネス**(前四一〇頃〜前三二二頃)　黒海南岸のシノペの出身。前三六二年以降に祖国から離れ、以後アテナイとコリントスに住んだ。小ソクラテス派の一人アンティステネスに学んだ。彼はその生活から「犬」と呼ばれ、彼の哲学一派は「犬儒派」と呼ばれることとなった。

▼『**国家**』　プラトンの活動中期の思想の到達点を示す大作。国家を形成する要因を分析したうえで、よき国家をつくるための守護者階層のあるべき姿が考察され、哲学者が統治すべきとする理想が語られる。ついで哲学者の学ぶべきものの考察からイデア論が語られる。

▼『**法律**』　プラトン最後の大作。もはやソクラテスはあらわれず、アテナイ人、クレタ人、スパルタ人の三人がクレタに建設される植民都市のための法律を考えるということになっている。多岐にわたる考察のなかにプラトンの到達した理想が反映されている。

その後の思想家たち

ソクラテスの死後も知の伝統が途切れることはなかった。しかし、ここにもプラトン・アリストテレスの史料の壁は立ちふさがり、彼ら以外の人物については史料が乏しい。ソクラテスの臨終の場に集まった者たちは「小ソクラテス派」(八八頁用語解説参照)と呼ばれ、師の死後もなんらかの活動をしていたようだが、その詳細はわからない。プラトンが真実を追求しようとするソクラテスの姿勢を受け継いだのは確かであるが、彼はもはや政治家それぞれを吟味しようとすることはしなかった。ポリスがよく治まるにはどのような体制がよいか(『国家』)、法律はどうあるべきか(『法律』)を考えることが彼の政治への関わり方だった。彼自身、政治へ直接影響を与えようとしたこともあったが、それはアテナイのためではなく、シケリアの僭主のためだった(『第七書簡』)。

一方、弁論術もなくなることはなく、弁論家の活動も続いた。リュシアスは平明な言葉で多くの弁論を代作し、弁論代作者として成功したイソクラテスは、ソクラテスの批判を吸収しつつ人格教育を強調して弁論術を鍛え上げ、弁論の学校を設立した。その後、前三四〇、前三三〇年代にはアイスキネスとデモス

▼**『第七書簡』**　プラトンの書簡とされるものが十三通残っていて、それぞれについて真偽問題があるが、最大のこの書簡は真作とされることが多い。僭主を感化して哲人王にできるとの期待をもってシケリアにわたったことが語られる。

▼**リュシアス**(前四五九〜前三八〇頃)　生年については十五年ほど引き下げようとする案もある。父ケファロスは富裕なシュラクサイ人でアテナイに居住していた。父の死後トゥリオイの植民に加わるが、前四一二年ふたたびもどりメトイコイ身分となる。三十人僭主に兄を殺され財産を奪われる。その後、弁論代作者として多くの弁論を書く。

▼**アイスキネス**(前三九七頃〜前三二二頃)　弁論家。現存する三つの弁論はいずれもデモステネスとの論争に関わり、なかでもデモステネスと直接対峙した二つの弁論は対応するデモステネスのものとともに「ギリシア弁論の花」とされる。デモステネスとの争いに敗れ、ロドスに引退し弁論の学校を開いた。

▼**デモステネス**（前三八四～前三二二）　アテナイ最大の弁論家であり、政治家としても活躍した。政治的には反マケドニアの立場をとり、アレクサンドロス死後ラミア戦争に尽力するが敗れて服毒自殺する。左図はコペンハーゲン、ニイ・カールスベルク・グリュプトテーク所蔵のデモステネス像。

テネス▲がマケドニア問題をめぐって対立し、「弁論の花」ともいうべき弁論の応酬をくりひろげた。イソクラテスの修辞学校はプラトンのアカデメイア学園とほぼ同じ前三九〇年頃につくられ、両者は多くの門弟を取り合って対抗した。アカデメイア学園はプラトンの死後も長く続いたから、対抗関係は前三三八年にイソクラテスの九十八歳の死によってその学校が閉ざされるまで続いた。

しかしその間、アテナイでは社会の変質が彼らとは別のところで進んでいた。ペロポネソス戦争敗戦後、アテナイはもはや他に絶した力をもってギリシア諸ポリスを率いる存在ではなくなった。デロス同盟のもたらした安定的収入も失われ、戦争に出ても勝利が容易にえられぬ状況で、獲得できる利益もかぎられ、ポリスは市民に恩恵をもたらすことが難しくなった。ソクラテスはポリスに育てられたという意識をもち、その恩を裏切り他国に亡命することを拒絶したが、そうした意識を生み出す土壌がもはやなくなりつつあったのである。同等の力をもつポリス同士が相争う状況は、ポリスにとってつねに警戒を怠れないが、決定的勝利もえられない状況である。警戒を強めるためには市民の負担によるしかなく、しかもポリスと個人の一体感を感じて喜びをえる機会も少なくなる。

さらにもう一つ、見のがせない傾向があらわれていた。外交の複雑化とともにポリスの運営は、素人の市民が片手間にできるような仕事ではなくなってきた。また、戦術を含む戦争技術の進展・複雑化は、戦争も素人の構成する市民軍より、専門家である傭兵に頼る方が効率的になりはじめた。社会の各部門に専門家があらわれはじめ、素人の市民は次第に排除されることとなった。素人である市民が集まって知恵を結集してポリスを運営し、戦争にも対処するといったそれまでのポリスのあり方は次第に変質し、市民とポリスとは分離されていったのである。

プラトンとイソクラテスがともに学校を設立し競い合った約五十年の間にそうした変質は進み、彼らも「学問」の専門家として社会の一角を占めるようになった。プラトンの学問は「哲学」と呼ばれ、現在まで続く大きな影響力を発揮しはじめたし、イソクラテスのそれは「修辞学」と呼ばれ、教養として重要な役割を担うようになった。二人の学校は、ギリシア各地から若者を集め、有用な人材を輩出して、知の殿堂たるアテナイの名前を高めた。プラトンのもとからはアリストテレスがあらわれ、動物から、論理、天体・物理、文学、政治、倫理にいたる幅広い事象を対象として、知の体系を築き上げた。前三三五年からはリュケイオンで教えはじめ、後を継いだテオフラストス▲とともに、アテナイにペリパトス派▲と呼ばれる新たな知の伝統を確立した。

アカデメイアやリュケイオンの学校だけでなく、先にみた樽のディオゲネスのように独自の思想と生き方をつらぬく者が多く存在する知的環境は、学問を志す者の多数を一層アテナイに集めることになり、ヘレニズム哲学▲をつくり上げる多くの人物がこの地にかかわることとなった。サモス島出身のエピクロス▲は、若い時しばらくアテナイで壮丁訓練▲を受けたあと、三十四歳でアテナイに帰り、それ以後ずっとそこで暮らし教えた。原子論的世界把握とともに快楽を善とし唯一の目的とする快楽主義を唱えたが、彼のいう快楽は身体に苦痛がなく心が平安な状態のことである。キュプロス島出身のゼノン▲がアテナイにきたのは、乗っている船が難破したせいであるといわれているが真偽のほどはわからない。おそらくアテナイに来たのは二十二歳の頃で、一つの学派を設立したのは三十代の初めであろう。彼に始まり、長くつづいたストア派の思想のなかで彼自身の主張を特定することは困難であるが、哲学を論理・自然・倫理の三

▼テオフラストス（前三七二頃〜前二八八頃）　レスボス島のエレソス出身。前三二二年、アレクサンドロス大王の死とともにアテナイを退いたアリストテレスのあとを受けてリュケイオンの学頭となり、師の学風を忠実に守り発展させた。植物学の祖としても著名。また市井の人間の性格を分類した『人さまざま』は、当時のアテナイの様子を知る恰好の史料である。

▼ペリパトス派　アリストテレスの学派の呼称。「逍遙派」とも訳される。

▼ヘレニズム哲学　アレクサンドロスが王位についた前三三六年からアクティウムの海戦の前三一年までを通常ヘレニズム期と呼ぶが、この時期に盛んとなった哲学をいう。

▼エピクロス（前三四一〜前二七〇）　両親はアテナイ人で、サモス島に移民（クレルキア）した。そのためアテナイ市民権を保持していた。壮丁訓練では喜劇作家のメナンドロスと一緒だった。アテナイに家を購入し、その庭園に多くの学生が集まったので、「庭園」が彼の学園の名前となった。

分野に分け、いずれも「よく生きる」ことと結びつけて考えることは彼に始まると考えられる。エピクロス派、ストア派とならんでヘレニズム哲学の主要な学派である懐疑派の祖であるピュロン▲はエリスの出身で、アテナイとは直接関わりがなかったようだが、その影響はとくにアカデメイア派のなかで顕著で、アルケシラオス▲（一〇二頁用語解説参照）はそれを受け入れてアカデメイア派の中興の祖となった。彼は小アジアのアイオリス地方ピタネの出身で、テオフラストスの教えを受けたあとアカデメイアに移った。確実な知識をえることはできないとして判断保留を説き、著作を何一つ残さなかったが、多くの議論をつうじて影響力は大きかった。そして世代交代の進む前二七〇～前二六〇年頃より、各学派に変化があらわれたと考えられる。自然科学への関心が急速に衰え、懐疑主義とともに認識論が哲学の重要な問題と考えられるようになった。

　以上が、ほぼヘレニズム期第一世代から第二世代の各学派の動向である。多くの学派が成立し、それぞれが独自の学問に専念していた。先にみた社会の変質はさらに進み、各学派は専門家集団としての度合いを強めていたといえよう。ポリスとの乖離も一層進み、ポリスという意識はほとんど意味をもたなくなっ

▼壮丁訓練　壮丁（エフェボイ）は十八、十九歳の新兵をいう。二年間の兵役訓練を受けねばならなかった。

▼ゼノン（前三三五～前二六三）　キュプロス島のキティオン出身。アテナイに来た最初の十年間はいろいろな師について学んだらしい。彼は「ストア・ポイキレ」（彩色柱廊）で教えたため、彼の学派は「ストア派」と呼ばれることとなった。左図はコペンハーゲン、ニイ・カールスベルク・グリュプトテーク所蔵のゼノン像。

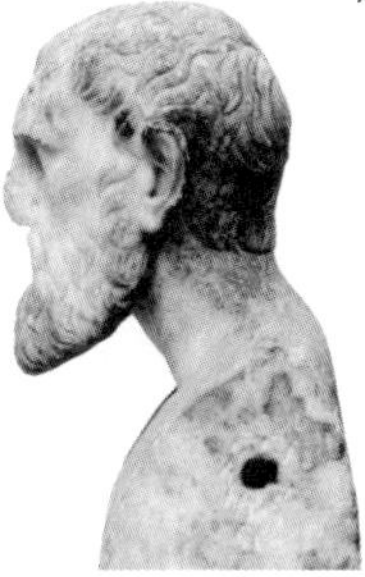

▼ピュロン（前三六五頃～前二七五）　エリス出身。アレクサンドロス大王の遠征についてインドまで行ったとされるが、それが彼の思想にどのような影響を与えたかはわからない。彼自身は著作を一つも残さなかったが、弟子ティモンによってその思想が伝えられている。

ていた。ヘレニズム哲学が問題にしたのは「個人」であって、「市民」ではなかった。かわって強調されたのは、哲学には哲学として追求すべき意味がある、ということだった。それはソクラテスが彼の行動すべてをつうじて示したことであるが、彼に強くあったポリスという意識は薄れていた。各学派はソクラテスの影響を色濃く残しながらも、ソクラテスの追求したものとは別のものを追求することになったのである。

ヘレニズム時代に入って、学問の中心はアテナイだけではなくなった。アレクサンドリアはプトレマイオス王家の保護のもとに学芸が栄え、自然科学を中心に研究が進んだ。数学者エウクレイデス▲の生涯はほとんどわからないが、前三〇〇年頃にはすでにここで研究生活を送っていたようであるし、天文学者アリスタルコス▲や、数学上の業績やさまざまな発明で知られるアルキメデス▲、幅広い分野に業績を残したエラトステネス▲もここで学んだ。しかし、アレクサンドリアはギリシア風都市として建設されたが、王都であり、ギリシア・ポリスではなかった。ポリスは居住形態だけを考えれば紀元後六世紀のユスティニアヌス▲帝の頃まで残ったが、ポリス意識を支える「独立自治《アウトノミア》」をもつ政治的組織

▼アルケシラオス（前三一六～前二四二）　前二六八年頃アカデメイアの学頭になった。テオフラストスのもとを去るとき、テオフラストスは「何と天分豊かで成功まちがいない男が去ることか」と嘆いたといわれる（Diog. Leart. IV 30）。

▼エウクレイデス　英語読みのユークリッドの名でよく知られる。彼の名声は『原論』十三巻による。ここには平面幾何学、整数論、無理数論、立体幾何学が論じられている。

▼アリスタルコス　前二八〇年の夏至を観測していることから彼の年代が推測される。サモス島出身でペリパトス派に学んだあと、アレクサンドリアに移った。前三世紀半ば頃太陽を中心に地球が動いているという太陽中心説を唱えた。

▼アルキメデス（前二八七頃～前二一二）　シケリアのシュラクサイ出身。アレクサンドリアでエラトステネスなどと交わったが、人生の多くをシュラクサイで過ごした。王冠の黄金の比率を比重から探り出す方法を発見し「みつけた、みつけた」と

としては、前三三八年のカイロネイアの戦い▲をもって実質的には終わったといえよう。その残影が長く残ったことを考えるとしても、「古代ギリシアの」を「ポリスの」という意味だとすれば、「古代ギリシアの思想家」としてとらえられるのは最大限このあたりまでであろう。

叫んだ話が伝わる。第二次ポエニ戦争のさい、ローマ軍に包囲され、アルキメデスはさまざまな兵器を案出してローマ軍を苦しめたが、最後にローマ兵に殺された。

▼**エラトステネス**（前二八五頃〜前一九四）　北アフリカのキュレネ出身。アテナイに学んだあとプトレマイオス三世の招請にこたえてアレクサンドリアに行き、王宮の家庭教師となり、のちに図書館館長となった。幅広い分野に業績を残し、地球の全周をほぼ正確に計算したことなどが知られる。

▼**ユスティニアヌス帝**（在位五二七〜五六五）　ビザンツ皇帝。彼の統治終了後、急速にポリスはなくなっていったとされる。

▼**カイロネイアの戦い**　前三三八年、マケドニアのフィリポス二世とギリシア同盟軍の戦い。フィリポス二世の勝利により、ポリスはもはやマケドニアに対抗する力をもつことができなくなった。

古代ギリシアの思想家たち年表

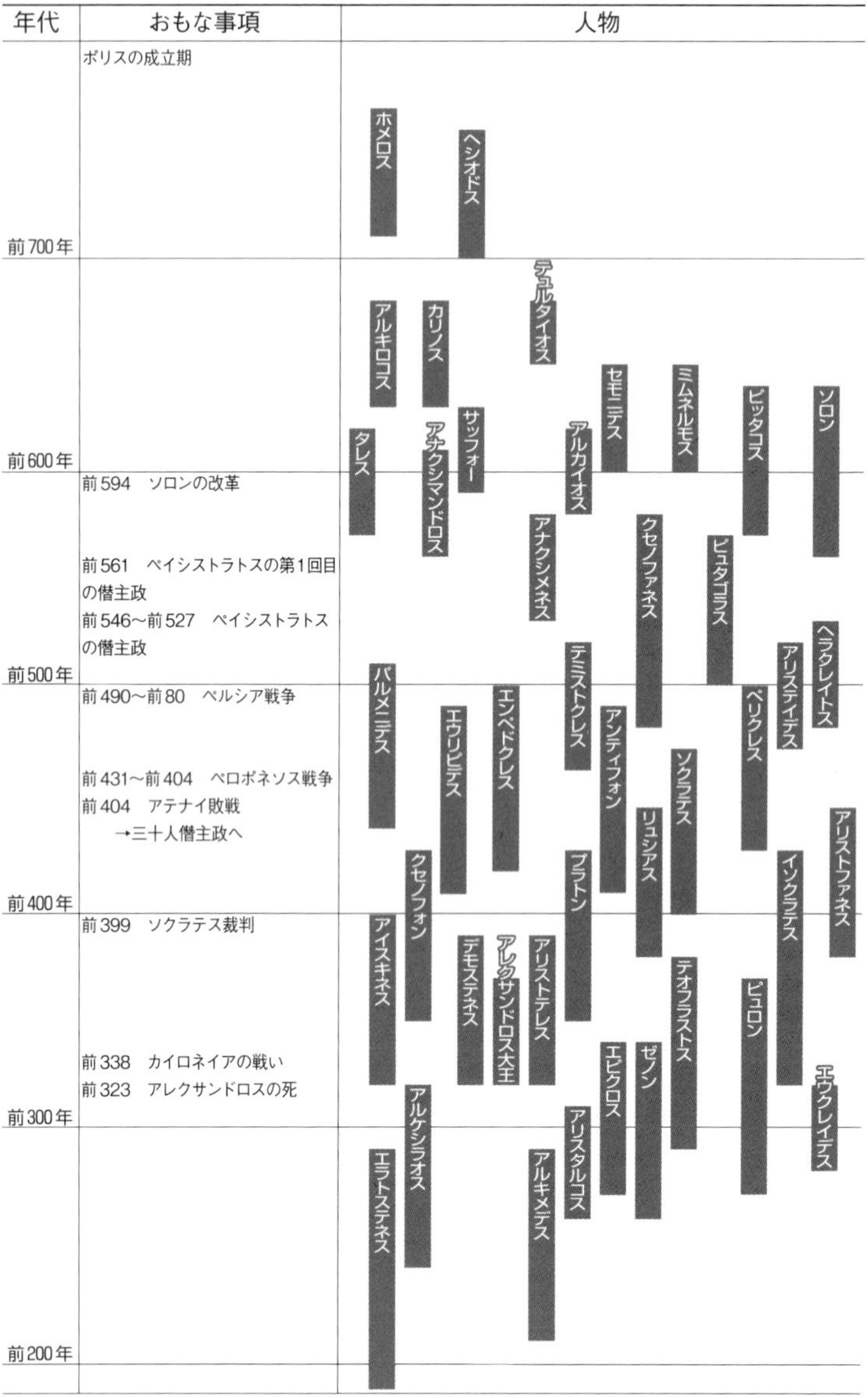
年代
おもな事項
人物
ポリスの成立期
ホメロス
ヘシオドス
前700年
テュルタイオス
アルキロコス
カリノス
セモニデス
ミムネルモス
ピッタコス
ソロン
サッフォー
アナクシマンドロス
アルカイオス
タレス
前600年
前594　ソロンの改革
アナクシメネス
クセノファネス
ピュタゴラス
前561　ペイシストラトスの第1回目の僭主政
前546～前527　ペイシストラトスの僭主政
アリステイデス
ヘラクレイトス
テミストクレス
パルメニデス
前500年
前490～前80　ペルシア戦争
エンペドクレス
エウリピデス
アンティフォン
ペリクレス
ソクラテス
前431～前404　ペロポネソス戦争
前404　アテナイ敗戦
→三十人僭主政へ
リュシアス
アリストファネス
クセノフォン
プラトン
イソクラテス
前400年
前399　ソクラテス裁判
アイスキネス
デモステネス
アレクサンドロス大王
アリストテレス
テオフラストス
ピュロン
エピクロス
ゼノン
前338　カイロネイアの戦い
前323　アレクサンドロスの死
エウクレイデス
アルケシラオス
アリスタルコス
前300年
エラトステネス
アルキメデス
前200年

参考文献

・史料

『アンティポン／アンドキデス弁論集』（髙畠純夫訳）京都大学学術出版会，2002 年
クセノポン『ソクラテス言行録 1』（内山勝利訳）京都大学学術出版会，2011 年
『ソクラテス以前哲学者断片集』（内山勝利ほか訳）5 巻＋別巻，岩波書店，1996-1998 年
ディオゲネス・ラエルティオス『ギリシア哲学者列伝　上・中・下』（加来彰俊訳）岩波文庫，1984-1994 年
トゥキュディデス『歴史 1、2』（藤縄謙三・城江良和訳）京都大学学術出版会，2000 年，2003 年
『プラトン全集』（田中美知太郎・藤沢令夫編）岩波書店，1975-78 年
ヘシオドス『神統記』（廣川洋一訳）岩波文庫，1984 年
ヘシオドス『仕事と日』（松平千秋訳）岩波文庫，1986 年
ホメロス『イリアス　上・下』（松平千秋訳）岩波文庫，1992 年
ホメロス『オデュッセイア　上・下』（松平千秋訳）岩波文庫，1994 年
リュシアス『弁論集』（細井敦子・桜井万里子・安部素子訳）京都大学学術出版会，2001 年
D. A. Campbell, *Greek Lyric* I, Loeb Classical Library, 1982.
M. L. West, *Iambi et Elegi Graeci* I-II, Oxford, 1971-1972.

＊ギリシア語の φ（ph）をカタカナでどう表すかには二通りのやり方がある。本書でしたがった「ファ行」で表すものと、「パ行」で表すものとである。京都大学学術出版会のものは後者を使っており、アンティフォンとアンティポン、クセノフォンとクセノポンとは同一人物である。

・研究文献

岩崎允胤『ヘレニズムの思想家』講談社，1982 年
岩田靖夫『ギリシア思想入門』東京大学出版会，2012 年
髙畠純夫『アンティフォンとその時代』東海大学出版会，2011 年
廣川洋一『ソクラテス以前の哲学者』講談社学術文庫，1997 年
廣川洋一『イソクラテスの修辞学校』講談社学術文庫，2005 年
山川偉也『古代ギリシアの思想』講談社学術文庫，1993 年
A・A・ロング『ヘレニズム哲学』（金山弥平訳，京都大学学術出版会）2003 年
W.K.C. Guthrie, *A History of Greek Philosophy* I-V, Cambridge, 1962-1978.
C. Habicht, *Ahens from Alexander to Antony*, Cambridge MA, 1999.
G. S. Kirk, J. E. R. Raven & M. Schofiels, *The Presocratic Philosophers* 2nd ed., Cambridge, 1983.

図版出典一覧

Der Neue Pauly: Enzyklopädie der Antike Gesamtwerk, Stuttgart, 1996 *16*

L. Casson, *Ships and Seafaring in ancient times*, London, 1994 *43*

M. Parker, *Socrates and Athens,* London, 1973(rep. 1999) *79*

P. Cartledge ed., *Cambridge Illustrated History, Ancient Greece,* Cambridge, 1998 カバー裏, *5, 46, 95*上, *98, 101*

竹内一博氏提供 *95*下

著者提供 扉, *55*

ユニフォトプレス提供 カバー表

PPS通信社提供 *31*

高畠純夫(たかばたけ すみお)
1954年生まれ
東京大学大学院博士課程単位取得退学
専攻, 古代ギリシア史
現在, 東洋大学教授

主要著訳書
『アンティフォンとその時代』東海大学出版会, 2011年
『アンティポン／アンドキデス弁論集』京都大学学術出版会, 2002年
『ペロポネソス戦争』東洋大学出版会, 2015年
『アイネイアス『攻城論』――解説・翻訳・註解――』
東洋大学出版会, 2018年

世界史リブレット人❻
古代《こだい》ギリシアの思想家《しそうか》たち
知《ち》の伝統《でんとう》と闘争《とうそう》

2014年8月20日　1版1刷発行
2018年9月30日　1版2刷発行

著者：高畠純夫《たかばたけすみお》

発行者：野澤伸平

装幀者：菊地信義

発行所：株式会社 山川出版社

〒101-0047　東京都千代田区内神田1-13-13
電話　03-3293-8131(営業) 8134(編集)
https://www.yamakawa.co.jp/
振替　00120-9-43993

印刷所：株式会社 プロスト

製本所：株式会社 ブロケード

世界史リブレット 人

1 ハンムラビ王——中田一郎
2 ラメセス2世——高宮いづみ・河合 望
3 ネブカドネザル2世——山田重郎
4 ペリクレス——前沢伸行
5 アレクサンドロス大王——澤田典子
6 古代ギリシアの思想家たち——髙畠純夫
7 カエサル——毛利 晶
8 ユリアヌス——南川高志
9 ユスティニアヌス大帝——大月康弘
10 孔子——高木智見
11 商鞅——太田幸男
12 武帝——冨田健之
13 光武帝——小嶋茂稔
14 冒頓単于——沢田 勲
15 曹操——石井 仁
16 孝文帝——佐川英治
17 柳宗元——戸崎哲彦
18 安禄山——森部 豊
19 アリー——森本一夫
20 マンスール——高野太輔
21 アブド・アッラフマーン1世——佐藤健太郎
22 ニザーム・アルムルク——井谷鋼造
23 ラシード・アッディーン——渡部良子
24 サラディン——松田俊道
25 ガザーリー——青柳かおる
26 イブン・ハルドゥーン——吉村武典
27 レオ・アフリカヌス——堀井 優
28 イブン・ジュバイルとイブン・バットゥータ——家島彦一
29 カール大帝——佐藤彰一
30 ノルマンディー公ウィリアム——有光秀行
31 ウルバヌス2世と十字軍——池谷文夫
32 ジャンヌ・ダルクと百年戦争——加藤 玄
33 王安石——小林義廣
34 クビライ・カン——堤 一昭
35 マルコ・ポーロ——海老沢哲雄
36 ティムール——久保一之
37 李成桂——桑野栄治
38 永楽帝——荷見守義
39 アルタン——井上 治
40 ホンタイジ——楠木賢道
41 李自成——佐藤文俊
42 鄭成功——奈良修一
43 康熙帝——岸本美緒
44 スレイマン1世——林佳世子
45 アッバース1世——前田弘毅
46 バーブル——間野英二
47 大航海の人々——合田昌史
48 コルテスとピサロ——安村直己
49 マキャヴェッリ——北田葉子
50 ルター——森田安一
51 エリザベス女王——青木道彦
52 フェリペ2世——立石博高
53 クロムウェル——小泉 徹
54 ルイ14世とリシュリュー——林田伸一
55 フリードリヒ大王——屋敷二郎
56 マリア・テレジアとヨーゼフ2世——稲野 強
57 ピョートル大帝——土肥恒之
58 コシューシコ——小山 哲
59 ワットとスティーヴンソン——大野 誠
60 ワシントン——中野勝朗
61 ロベスピエール——松浦義弘
62 ナポレオン——上垣 豊
63 ヴィクトリア女王、ディズレーリ、グラッドストン——勝田俊輔
64 ガリバルディ——北村暁夫
65 ビスマルク——大内宏一
66 リンカン——岡山 裕
67 ムハンマド・アリー——加藤 博
68 ラッフルズ——坪井祐司
69 チュラロンコン——小泉順子
70 魏源と林則徐——大谷敏夫
71 曾国藩——清水 稔
72 金玉均——原田 環
73 レーニン——和田春樹
74 ウィルソン——長沼秀世
75 ビリャとサパタ——国本伊代
76 西太后——深澤秀男
77 梁啓超——高柳信夫
78 袁世凱——田中比呂志
79 宋慶齢——石川照子
80 近代中央アジアの群像——小松久男
81 ファン・ボイ・チャウ——今井昭夫
82 ホセ・リサール——池端雪浦
83 アフガーニー——小杉 泰
84 ムハンマド・アブドゥフ——松本 弘
85 イブン・アブドゥル・ワッハーブとイブン・サウード——保坂修司
86 ケマル・アタテュルク——設樂國廣
87 ローザ・ルクセンブルク——姫岡とし子
88 ムッソリーニ——高橋 進
89 スターリン——中嶋 毅
90 陳独秀——長堀祐造
91 ガンディー——井坂理穂
92 スカルノ——鈴木恒之
93 フランクリン・ローズヴェルト——久保文明
94 汪兆銘——劉 傑
95 ヒトラー——木村靖二
96 ド・ゴール——渡辺和行
97 チャーチル——木畑洋一
98 ナセル——池田美佐子
99 ンクルマ——砂野幸稔
100 ホメイニー——富田健次

〈シロヌキ数字は既刊〉